„Am Anfang schuf Gott Himmel und Erde. Noch war die Erde leer und ungestaltet, von tiefen Fluten bedeckt. Finsternis herrschte, aber über dem Wasser schwebte der Geist Gottes."

1 Mose/Gen 1,1-2 (HFA)

Swen Schönheit

Komm
Geist Gottes

Wie eine Einladung alles verändert

Impressum

3. Auflage 2023

Geistliche Gemeinde-Erneuerung in der Evangelischen Kirche e. V.
Schlesierplatz 16, 34346 Hann. Münden

Bibelzitate wurden im Allgemeinen der Neuen Genfer Übersetzung © 2011 Genfer Bibelgesellschaft entnommen, andernfalls folgendermaßen gekennzeichneten Übersetzungen:

DBU: Das Buch. Neues Testament – übersetzt von Roland Werner, © 2009 SCM R.Brockhaus in der SCM Verlagsgruppe GmbH, Witten

ELB: Elberfelder Bibel 2006, © 2006 by SCM R.Brockhaus in der SCM Verlagsgruppe GmbH, Witten/Holzgerlingen

EÜ: Einheitsübersetzung der Heiligen Schrift, vollständig durchgesehene und überarbeitete Ausgabe © 2016 Katholische Bibelanstalt, Stuttgart

GNB: Gute Nachricht Bibel, revidierte Fassung, durchgesehene Ausgabe, © 2000 Deutsche Bibelgesellschaft, Stuttgart. Alle Rechte vorbehalten.

HFA: Hoffnung für alle © 1983, 1996, 2002, 2015 Biblica, Inc.®, hrsg. von Fontis – Brunnen Basel

LUT: Die Bibel nach Martin Luthers Übersetzung, revidiert 2017, © 2016 Deutsche Bibelgesellschaft, Stuttgart

NeÜ: © 2020 by Karl-Heinz Vanheiden (Textstand 20.09) www.derbibelvertrauen.de

NLB: Neues Leben. Die Bibel © der deutschen Ausgabe 2002 / 2006 / 2017 SCM R.Brockhaus in der SCM Verlagsgruppe GmbH, Max-Eyth-Str. 41, 71088 Holzgerlingen

SLT: Bibeltext der Schlachter © 2000 Genfer Bibelgesellschaft

ZB: Die Zürcher Bibel (Ausgabe 2007) © Verlag der Zürcher Bibel beim Theologischen Verlag Zürich

Umschlaggestaltung und Satz: Common Room, Hamburg
unter Verwendung von Adobe Stock
Druck: Finidr, CZ
Printed in the EU

ISBN 978-3-9818340-3-1

NEUE ENERGIEQUELLE – NEUE LEBENSQUALITÄT

Die Radtour zum Westerhever Leuchtturm an der Nordseeküste verging wie im Fluge. Wir waren als Familie beieinander, die Sonne schien schön warm und wir hatten Rückenwind. Dies merkten wir allerdings erst auf der Heimfahrt: Der Himmel hatte sich verdunkelt und der Wind kam uns nun entgegen. Am Ende erholten wir uns alle bei Kaffee und Kuchen. Wir waren erschöpft. Alle, nur meine Frau nicht! Sie hatte ein E-Bike.

Die Frage nach der Energieversorgung ist heute nicht nur eine private Frage, sondern längst zum gesamtgesellschaftlichen Thema geworden. E-Mobilität scheint die Zukunft zu sein. Die Energiewende kostet Milliarden, ist aber unumgänglich. Aber wie steht es um unsere persönliche Energieversorgung? Ich meine nicht die Heizungsanlage im Keller, die irgendwann ausgetauscht werden muss. Es geht um etwas sehr Persönliches: um unsere Beziehung zu Gott. Um die Frage nach geistlichem Leben, nach dem Zugang zu den Kraftquellen Gottes. *Komm, Geist Gottes!,* der Titel dieses Buches ist eine Einladung an Gott, unserem Leben Rückenwind zu geben.

Jesus war einmal bei einem jüdischen Gelehrten namens Nikodemus eingeladen, einem einflussreichen und wohlhabenden Bürger Jerusalems. Beim abendlichen Gespräch kommt Jesus auf unsichtbare Kräfte zu sprechen, die unser Leben nachhaltig verändern: *„Der Wind weht, wo er will. Du hörst zwar sein Rauschen, aber woher er kommt und wohin er geht, weißt du nicht. So ist es bei jedem, der aus dem Geist geboren ist“* (Joh 3,8). Nikodemus reagiert irritiert, denn Jesus scheint in Rätseln zu reden. „Wind“ und „Geist“ sind im Hebräischen und Griechischen, den Sprachen der Bibel, dasselbe Wort. Jesus gebraucht ein Wortspiel, um seinem Gesprächspartner ein Geheimnis zu erschließen: Gottes Geist will unser Leben bewegen, obwohl er ebenso unsichtbar und unverfügbar ist wie der Wind. Heute nutzen Windparkbetreiber, Surfer und Segler den Wind als Energiequelle. Doch wie ist es mit der Dynamik des Geistes?

Vielleicht spüren Sie schon länger, dass Sie neue Energiequellen brauchen. Sie sehnen sich nach einer Erneuerung Ihrer persönlichen Spiritualität. Sie suchen Gleichgesinnte, mit denen Sie sich über Glaubensfragen austauschen können. Gottes Geist will unser Leben bewegen. Er will unser Innerstes berühren. Er bringt eine Lebensqualität mit sich, über die wir von uns aus nicht verfügen. *„So ist es bei jedem, der aus dem Geist geboren ist …“* Dieser Erfahrung nachzuspüren, lohnt sich!

Komm, Geist Gottes! soll Sie persönlich inspirieren. Sie können dieses Buch persönlich auf sich wirken lassen, es lässt sich aber auch als Grundlage für einen Kurs verwenden. Sie können sich die drei Kapitel in diesem Buch als Kleingruppe abschnittsweise vornehmen, sie aber auch als Vorlage für eine Gemeindeveranstaltung oder eine Gottesdienstreihe nutzen. *Komm, Geist Gottes!* ist ein altes Gebet, das seit Jahrhunderten von Menschen in allen Kirchen und Konfessionen gebetet wurde. Dahinter steckt die Erwartung, dass Gott sich tatsächlich von uns einladen lässt. Er kommt uns gerne nahe, wenn wir ihn nur lassen. Letztlich ist es Gott selbst, der uns einlädt, zu ihm zu kommen. Diese Einladung sollten wir annehmen, denn sie verändert alles!

Swen Schönheit

AUFTAKT

WOZU DIESER KURS?

WOZU DIESER KURS?

Beim Thema „Heiliger Geist" gibt es offensichtlich Nachholbedarf. Einerseits zeigt sich in unserer Gesellschaft, die sich immer stärker vom Rationalismus verabschiedet, ein wachsendes Interesse an „Spiritualität". Um die Jahrtausendwende sprachen deutsche Medien von einer „Rückkehr der Religion". Inzwischen ist der Markt von unzähligen Angeboten spiritueller Erfahrung, alternativer Medizin und Lebenshilfen aller Art überflutet. Esoterik boomt und ersetzt für viele Menschen die traditionelle christliche Religiosität. Unsere westliche, von der Aufklärung bestimmte Welt spürt immer mehr einen tiefgehenden Verlust an „Ganzheitlichkeit". Dies wird in allen Bereichen unserer Gesellschaft deutlich. Dabei ist unsere Zeit unglaublich erlebnishungrig. „Wahrheit" lässt sich kaum noch objektiv begründen. Am Ende zählt das, was hilft oder „sich gut anfühlt". Zukunftsforscher sprechen von der *„Re-Spiritualisierung"* als einem *„globalen Megatrend"* (Matthias Horx). Was haben Christen in dieser Situation mit dem Thema „Heiliger Geist" einzubringen?

Der Geist fasziniert

Die Kirchen laufen dieser Entwicklung im Wesentlichen hinterher und werden nur noch dort als interessanter „Anbieter" erlebt, wo sie Antworten auf die geistlichen Fragen unserer Zeit haben. Wenn westlich geprägte Menschen heute nach Spiritualität suchen, tun sie dies in aller Regel nicht mehr bei Kirche und Christentum. Offensichtlich vermutet man geistliche Kraft und höhere spirituelle Kompetenz an anderen Stellen. Die Stimmen der Presse machen das überdeutlich, wenn sie die Kirchen (vor allem die evangelische) als „spirituell kahl" und inhaltlich irrelevant beschreiben. Dagegen wächst die Christenheit weltweit am stärksten im Bereich der Pfingstkirchen und der charismatischen Bewegungen, wo der Heilige Geist eine zentrale Rolle spielt. Persönliche Erfahrungen mit dem Geist Gottes sind auch hierzulande weitgehend kein Tabu mehr und werden vor allem von der jungen Generation – meist in Freikirchen und neuen Gemeindeprojekten – mit einer gewissen Selbstverständlichkeit aufgegriffen. Gott sei Dank: Die Zeiten sind vorbei, wo die Frage nach dem Heiligen Geist zu Gräben zwischen den Christen führte! Wir erleben also ein doppeltes Phänomen: einerseits eine wachsende Sehnsucht nach spirituellen Erfahrungen, andererseits die Wiederentdeckung des Heiligen Geistes als Kraftquelle und Lebensenergie.

Der Geist fordert heraus

Allerdings löst das Thema „Heiliger Geist" bei vielen auch Unsicherheit aus. Man ist erst einmal skeptisch gegenüber jeglicher Begegnung mit dem „Übernatürlichen", denn man fürchtet, die Kontrolle zu verlieren oder theologisch einseitig zu werden. Diese Gefahr scheint durch die Bibel bestätigt: *„Prüft die Geister, ob sie von Gott sind"* (1 Joh 4,1 | LUT). Leider haben auch manche Gruppen und Gemeinden erlebt, wie es durch sogenannte „Geistwirkungen" zu Unruhe, Streit und Entzweiung kam. Wenn sich Christen begeistert, emotional oder gar enthusiastisch äußern, bildet sich schnell eine Trennlinie zwischen den „Nüchternen" und den „Emotionalen". Nun sind Glaube und Frömmigkeit immer auch Typ-Sache. Niemand sollte zu bestimmten Gefühlen gezwungen werden. Allerdings kann man zu Recht fragen, ob wir Deutsche nicht erheblichen Nachholbedarf an ganzheitlicher Glaubensäußerung haben, die auch Gefühle einschließt. Christen aus anderen kulturellen Hintergründen spiegeln uns dies. Vielleicht steckt uns immer noch die nationale Katastrophe in den Knochen: Im Nationalsozialismus folgten wir Deutsche mehrheitlich enthusiastisch einem falschen „Führer" und gaben uns dem mit Leib und Seele hin. Das war eine Art von nationaler „Erweckung", allerdings aus dunklen Quellen.

Enthusiasmus, Leidenschaft und Jubel, all das ist hierzulande im Wesentlichen auf den Sport beschränkt. So wie beim Sonntagsspiel die Begeisterung der Fußballfans im Stadion der Normalfall ist, sind es beim Sonntagsgottesdienst die ernsten Mienen der Kirchgänger in ihren Bänken. Der Vergleich mag ärgerlich sein, aber irgendwie ist er doch entlarvend und fällt nicht gerade 1:0 für die Gemeinden aus. Nicht ohne Grund sind unsere Kirchen so leer und verlieren immer mehr den Anschluss an die Gesellschaft! Wir Menschen suchen doch Orte, wo Freude und Freiheit herrschen! Wir wollen uns im Tiefsten unseres Herzens be-GEIST-ern lassen, sei es durch Sport und Spiel, Musik, Kunst, Kultur und Architektur, durch Naturerlebnisse und kulinarische Genüsse, durch zwischenmenschliche Begegnungen und sexuelle Erfahrungen. Also warum nicht auch durch Gott selbst? *„Denn bei dir ist die Quelle des Lebens, und in deinem Lichte sehen wir das Licht"* (Ps 36,10 | LUT).

Der Geist führt in die Weite

In diesem Kurs möchten wir Sie mit dem Heiligen Geist als dem großen **Liebhaber** von uns Menschen vertraut machen. Mit einem guten **Freund**, den uns Jesus vor seiner Rückkehr in die himmlische Welt versprochen hat. Mit einem **Berater**, der Tag und Nacht, Stunde um Stunde an unserer Seite bleibt. Mit einer **Kraftquelle**, die auch in schwierigen Zeiten nicht versiegt. Mit dem **Geber** vieler guter Gaben, die uns bei der eigenen Lebensgestaltung und im Dienst an anderen Menschen helfen. Mit dem **Initiator** eines faszinierenden Unternehmens, das sich „Gemeinde" nennt. Mit dem **Impulsgeber** in Richtung Wahrhaftigkeit, Gerechtigkeit und Versöhnung. Mit der großen **Weisheit**, die jeden Bereich unseres Lebens betrifft. Kurz gesagt: Der Heilige Geist ist der Geist des Lebens. Darum brauchen wir alle mehr von ihm und er will mehr von uns. *„Wo aber der Geist des Herrn ist, da ist Freiheit"* (2 Kor 3,17 | LUT).

Mein Wunsch ist, dass dieser Kurs Ihr Leben verändert. Sie können diesen Kurs persönlich durchlesen. Sie können die Inhalte zu zweit oder in einer Kleingruppe erarbeiten und sich darüber austauschen. Gemeinden sind eingeladen, die drei Themen im Rahmen eines Wochenend-Seminars oder eines Kurses über mehrere Wochen zu vermitteln. Sie können einzelne thematische Bausteine auch für eine Predigtreihe nutzen. Dieses Buch bietet Ihnen verschiedene methodische Zugänge an.

WIE BENUTZT MAN DIESEN KURS?

Für diesen Kurs gibt es das vorliegende Buch, das alle, die eine Veranstaltung leiten, lesen und sich aneignen sollten. Dazu gibt es Material für die Teilnehmenden. So finden Sie Arbeitsblätter und Bonusmaterial auf unserer Homepage **www.komm-geist-gottes.de**. Das gesamte Material in diesem Buch ist so ausführlich, dass es genug Stoff für die Vorträge bietet. Möglicherweise muss man eine Auswahl treffen, um daraus drei Vorträge von jeweils 45 Minuten zu entwickeln.

Inhaltlich folgt dieser Kurs einer einfachen Gliederung in drei Themen:

1. Wer ist der Heilige Geist?
2. Was bewirkt der Heilige Geist?
3. Wie lebe ich mit dem Heiligen Geist?

Dies entspricht übrigens dem Konzept der „Alpha-Kurse", die international weit verbreitet sind und auch im deutschsprachigen Raum zu den beliebten Glaubenskursen zählen. Erfreulich ist, dass es längst eine Reihe von ähnlichen Kursen oder Lehreinheiten zu diesem Thema gibt. Zugunsten der Lesbarkeit haben wir jedoch auf ausführliche Literaturhinweise verzichtet. Die wenigen Anmerkungen im laufenden Text sind zugleich Hinweis auf empfehlenswerte Bücher.

Wer tiefer in die Materie einsteigen möchte, findet wichtige Hintergrundinformationen in den zusätzlichen Abschnitten:

WISSENSWERT

Man kann die Inhalte nach Bedarf erwähnen, aber auch im Zuge des Vortrags überspringen. Im ausführlichen **Anhang** finden Sie ferner zahlreiche Zitate, historische Beispiele, Lieder und Gebete. Die einzelnen Artikel enthalten Anmerkungen zu den verwendeten Quellen.

BIBELTEXT

Mit diesem Symbol sind Texte markiert, die im Vortrag gelesen oder zumindest in Auszügen erwähnt werden sollten. Sonst geht der Sinnzusammenhang verloren. Aus Platzgründen wurde aber darauf verzichtet, den Text in voller Länge abzudrucken. Die **Abkürzungen der Bibelstellen** sind im Anhang erklärt, ebenso das Kürzel für die unterschiedlichen Übersetzungen. Wenn nicht anders gekennzeichnet, folgen Zitate der Bibel „Neue Genfer Übersetzung" (NGÜ).

ZUR VERTIEFUNG

Mit dem Lupen-Zeichen werden Zusammenstellungen von Bibelversen gekennzeichnet, durch die das Thema vertieft werden kann. Dies braucht etwas Zeit und ist am besten im persönlichen Studium möglich.

GRUPPENGESPRÄCH ODER AUSTAUSCH

Zu jedem Thema werden Fragen formuliert, die als Vorschlag für den Austausch in Kleingruppen dienen. Die Gruppen sollten so zusammengesetzt sein, dass alle zu Wort kommen können (Empfehlung: 5–8 Personen). Möglich sind aber auch Mini- bzw. „Murmel“-Gruppen zu dritt oder der Austausch zu zweit in bestimmten, kürzeren Phasen des Kurses. Ferner können Zeiten der Stille eingebaut werden mit der Möglichkeit, sich persönliche Notizen zu machen.

PERSÖNLICH ERLEBT

Die thematischen Einheiten werden schließlich durch persönliche Erfahrungen angereichert. Es sind Lebensberichte von anderen Christen aus unserer Zeit. Es kommen aber auch Zeitzeugen aus vergangenen Jahrhunderten zu Wort. Die meisten Beispiele stammen aus bereits veröffentlichten Büchern, auf die ich jeweils hinweise.

Die Inhalte dieses Kurses sind nicht auf *einen* bestimmten Ablaufplan festgelegt. Passen Sie die Umsetzung Ihrer jeweiligen Situation an! Die Formate können durchaus unterschiedlich sein. Die drei Themenblöcke (Wer? Was? Wie?) sind jedoch so konzipiert, dass sie in drei Abende oder ein Wochenende hineinpassen. Für die Wochenend-Lösung gibt es einen zeitlichen Vorschlag.

Erweiterungen des Kursmaterials und entsprechende zeitliche Ausdehnung sind immer möglich. Dies zeigt sich vor allem bei einigen Themen, die in diesem Kurs nur angerissen werden:

- Das eigene Gabenprofil entdecken
- Umgang mit den Gaben des Geistes
- Gebet um Heilung
- Segnungsdienst
- Charakterveränderung
- Entwicklung von tiefen Beziehungen
- Weltverantwortung in der Kraft des Geistes

Diese Themen laden geradezu ein, weitere Einheiten zu gestalten, seien es Themenabende im Rahmen eines Kurses von mehreren Wochen oder weitere Wochenend-Seminare.

ARBEITSBLÄTTER ZUM DOWNLOAD

Für den gesamten Kurs gibt es Arbeitsblätter, die Sie im Download-Bereich auf unserer Website **www.komm-geist-gottes.de** finden und als Kopiervorlage benutzen können. Dort finden Sie auch Grafiken zu den einzelnen Themen, die Sie in Ihre PowerPoint-Präsentation einfügen oder als Vorlage für Handskizzen verwenden können. Der kreativen Gestaltung dieses Kurses sind keine Grenzen gesetzt!

DREI VARIANTEN DER UMSETZUNG

1. Als Wochenend-Seminar

Dazu bietet sich folgender Zeitraum an: Freitagabend (z. B. Beginn 19 Uhr) bis Samstagabend (z. B. 18 Uhr). Der Abschluss könnte ein einfach gestalteter Gottesdienst bzw. eine Zeit für persönliche Segnung bilden.
Möglich ist auch eine Erweiterung durch den Sonntagsgottesdienst, der das Seminar thematisch aufnimmt und die versammelte Gemeinde in das Erlebte hineinnimmt. Das hat auch den Vorteil, dass die am Seminar Teilnehmenden die Gottesdienstgemeinde erleben und durch ihre Impulse bereichern können.

2. Als Teil eines Kurses

Wenn Gemeinden Glaubenskurse oder Ähnliches anbieten, können die drei Themenblöcke dieses „Grundkurses" leicht eingefügt werden. Die richtige Stelle im Ablauf muss die Kursleitung finden. Wie gesagt: Weitere Aspekte rund um das „Leben im Heiligen Geist" können zu weiteren Kursabenden führen, die sich nahtlos anschließen. Entsprechend wäre zu den oben genannten Themen auch jeweils ein Wochenend-Seminar denkbar.
Diesem Kurs können Sie auch thematische Einheiten entnehmen, um daraus eine Predigtreihe über den Heiligen Geist zu gestalten.

3. Mit einem Austauschpartner

Der Kurs erschließt sich auch im persönlichen Studium und kann z. B. im Rahmen der „Stillen Zeit" durchgearbeitet werden. Fruchtbar ist allerdings immer auch der Austausch mit einem Partner oder einer Partnerin, mit denen man Glaubensfragen teilen und gemeinsam beten kann.

MÖGLICHER ABLAUFPLAN FÜR EIN WOCHENENDE

FREITAG

18.30	Ankommen
19.00	Begrüßung (Willkommen / Kennenlernen / Anliegen und Ablauf des Seminars) / Lobpreis (Singen und Beten)
19.30	**Thema 1** | Den Heiligen Geist kennenlernen: Wer ist er?
20.30	Kleingruppen: kurze Zeit der Stille / persönlicher Austausch
21.15	Abschluss im Plenum mit Lied, Gebet und Segen / Ansagen

SAMSTAG

9.00	Stehkaffee
9.30	Begrüßung Lobpreis
9.50	**Thema 2** | Den Heiligen Geist erfahren: Was bewirkt er? (1. Teil) Persönliche Erfahrungsberichte: „So habe ich das erlebt …"
11.00	Pause / Stehkaffee
11.20	**Thema 2** | Den Heiligen Geist erfahren: Was bewirkt er? (2. Teil)
12.00	Zeit der Stille (in passenden Räumlichkeiten oder im Freien)
12.30	Angebot persönlicher Segnung
13.00	Mittagessen
14.15	**Thema 3** | Den Heiligen Geist empfangen: Wie lebe ich mit ihm? Rückfragen im Plenum
15.15	Pause / Stehkaffee
15.45	**Gottesdienstlicher Abschluss** – Lobpreis „zum Ankommen" – Kurzstatements: „Was mir bisher wichtig geworden ist" – Biblischer Impuls – Einladung zur Segnung – parallel dazu Lobpreis
17.00	Abschluss / Ansagen / Abschied

1

WER IST DER HEILIGE GEIST?

„Fröhliche Pfingsten“

> Es war vor einigen Jahren im Religionsunterricht einer ersten Klasse. Die Lehrerin wollte nach den Weihnachtsferien von den Kindern wissen, welche wichtigen Feste es denn noch so gibt. Weihnachten war allen präsent. Auch von Ostern hatten die Schüler ein klares Bild. Doch auf Pfingsten kam keiner. Als die Lehrerin ein bisschen nachhelfen wollte und Pfingsten erwähnte, meinte eins der Kinder fast schon entrüstet: „An Weihnachten kommt das Christkind: Da gibt es Geschenke! An Ostern kommt der Osterhase: Da gibt's Eier und Schokolade! Aber an Pfingsten? Da kommt nix und da gibt's nix.“

So geht es wohl nicht nur Kindern! Von Pfingsten, dem Fest des Heiligen Geistes, erwartet man nicht viel. „Da kommt nix“, höchstens ein Brunch mit Freunden oder ein Ausflug bei Frühlingswetter. Selbst in den christlichen Gemeinden können viele mit dem Heiligen Geist wenig anfangen. Er gehört irgendwie dazu: „Im Namen des Vaters, des Sohnes und des Heiligen Geistes“ beginnen unsere Gottesdienste. Aber wer ist der Heilige Geist? Und was bewirkt er? Und was hat er schließlich mit uns zu tun?

1.1 DER HEILIGE GEIST – EIN UNBEKANNTES WESEN?

Er hat keinen eigenen Namen. Er hat kein Gesicht, das wir uns vorstellen könnten. Es gibt keine Begriffe, die ihn angemessen erfassen, keine Darstellung, die ihm gerecht werden könnte. Viele Christen finden das Thema „Heiliger Geist“ deshalb abstrakt und machen einen Bogen darum. Jesus, den Sohn Gottes, kann man sich vorstellen, sein Leben lässt sich verfilmen. Seit der Zeit der frühen Christenheit gibt es bildliche Darstellungen vom Mann aus Nazareth. Mit Gott, den Christen im Gebet als „Vater im Himmel“ ansprechen, gibt es eine Art familiären Zusammenhalt: Wir dürfen uns seine Kinder nennen. Aber der Heilige Geist? Wie wird seine Realität für uns erfahrbar?

- Als der „Heilige“ hat **Gottes** Geist eindeutige **Wesensmerkmale**. Dies unterscheidet ihn von allen anderen Geistern dieser Welt. „Heiligkeit“ ist in der Bibel der Sammelbegriff für Gottes Charakter, der sich grundlegend von unserem menschlichen Verhalten unterscheidet. Dennoch: Dass Gott „heilig“ ist, meint nicht, dass er sich abschottet, sondern dass er uns durch seine Nähe verändern möchte:

„Ihr sollt heilig sein, denn ich bin heilig, der HERR, euer Gott“ (3 Mose/Lev 19,2 | LUT). Dieser Vers wird auch im Neuen Testament zitiert (1 Petr 1,15–16).

Gottes Geist zielt darauf ab, uns in positiver Weise zu verändern. Wenn wir uns auf ihn einlassen, färbt dies ab: Seine „Heiligkeit“ wird unser Leben prägen und wir werden „geheiligt“.

- Dass der Geist Gottes nicht selbst „Gesicht zeigt“, hat mit dem Wesen Gottes zu tun: Wir Menschen sind nicht dazu geschaffen, Gott einfach in die Augen zu schauen. Keiner von uns könnte dies ertragen. Die einzig gültige **Visitenkarte Gottes** ist Jesus, sein Sohn:

  „Wer mich gesehen hat, hat den Vater gesehen“, lautet der Anspruch von Jesus (Joh 14,9).

  „Der Sohn ist das Ebenbild des unsichtbaren Gottes, der Erstgeborene, der über der gesamten Schöpfung steht“ (Kol 1,15).

- Der Heilige Geist nimmt eine unterstützende Rolle ein: Er setzt alles daran, uns die Größe und Herrlichkeit Gottes vor Augen zu führen. Er weist auf Jesus Christus hin, in dem sich Gottes Wesen zeigt. Er ist einerseits eine unsichtbare Kraft, die uns näher zu Gott hin zieht. Zugleich ist er die „dritte Person“ Gottes, die sich niemals vom Vater und dem Sohn Jesus trennen lässt. Als **Person** spricht er zu uns, lässt sich aber auch von uns anrufen im Gebet.

  „Er wird euch alles lehren und euch an alles erinnern, was ich euch gesagt habe“, kündigt Jesus an. *„Der Geist der Wahrheit wird ... euch zum vollen Verständnis der Wahrheit führen“* (vgl. Joh 14,26; 16,13).

ZUR VERTIEFUNG

Wesenszüge und Wirkungen des Geistes in der Bibel

Geist des Gerichts	Jes 4,4
Geist der Weisheit	Jes 11,2; Eph 1,17
Geist des Verstandes	Jes 11,2
Geist des Rates	Jes 11,2
Geist der Kraft	Jes 11,2; 2 Tim 1,7
Geist der Erkenntnis	Jes 11,2
Geist der Gottesfurcht	Jes 11,2
Geist des Rechts	Jes 28,6
Geist der Gnade	Sach 12,10; Heb 10,29
Geist des Gebets	Sach 12,10
Geist der Wahrheit	Joh 14,17; 16,13
Geist der Heiligkeit	Röm 1,4
Geist des Lebens	Röm 8,2
Geist der Kindschaft	Röm 8,15
Geist des Glaubens	2 Kor 4,13
Geist der Verheißung	Eph 1,13
Geist der Liebe	2 Tim 1,7
Geist der Besonnenheit	2 Tim 1,7
Geist der Herrlichkeit	1 Petr 4,14
Geist der Prophetie	Offb 19,10

Begriffsverwirrung im Deutschen

Was aber ist mit „Geist" gemeint? Hier kann uns unsere deutsche Sprache leicht in die Irre führen. Wenn Kinder vom „Geist" sprechen, meinen sie vermutlich ein Gespenst. Für aufgeklärte Menschen ist etwas „geistreich", wenn es intelligent wirkt. „Geistlose" Zeitgenossen sind ungebildet oder ungehobelt. Aber das alles trifft nicht die Bedeutung in der Bibel.

Es gehört zum **Erbe der Aufklärung** mit ihrem humanistischen Bildungsideal, dass die menschliche Vernunft zum Maß aller Dinge erhoben wurde. Damit vollzog sich ein schleichender Bedeutungswandel: „Geist" wurde nun mit „Verstand" gleichgesetzt. Entsprechend kam es *„zu einer folgenschweren Säkularisierung des Geistes"* (Walter Kasper): Er wird zu einer Idee von Gott, zu einer abstrakten Vorstellung. Entsprechend verkommt die christliche Predigt zum Vortrag über Gott. Glaube wird zum frommen Wunsch bzw. reduziert sich auf Wissen über Gott.

Die entscheidende Frage – damals wie heute – lautet aber: Wie wird Gott für uns erfahrbar? Wie kommt er uns so nahe, dass er *„mein Herr und mein Gott"* wird (Joh 20,28)? *„Nur auf den Wegen, die das Evangelium lehrt, ist er zu finden"*, formulierte der französische Physiker und Philosoph Blaise Pascal im 17. Jahrhundert. Dem wollen wir in diesem Kurs nachspüren.

„Geist" in den biblischen Sprachen

In den Ursprachen der Bibel, in dem hebräischen Alten Testament und dem griechischen Neuen Testament, hat „Geist" nun eine völlig andere Bedeutung:

- Das hebräische Wort *ruach* meint in der **Grundbedeutung**: *Wind, Hauch, Atem.* Manche Bibelverse zeigen diese physische Grundbedeutung von *ruach* (Ijob 4,15; 21,18). So gerät der Prophet Jona in einen *„schweren Sturm"*, und der Königin von Saba *„stockt der Atem"* (Jona 1,4; 1 Kön 10,5 – jeweils *ruach*). Immer geht es um eine „unfassbare" Dynamik! Der jüdische Religionsphilosoph Martin Buber übersetzt *ruach* in seiner Bibelübersetzung (1926-1938) gelegentlich mit *„Geisthauch"* (Jes 11,2) bzw. *„Geistbraus"* (Ez 7,5-10; Joel 3,1).

  „Durch das Wort des Herrn wurden die Himmel erschaffen, das Heer der Sterne durch den Hauch (ruach) seines Mundes" (Ps 33,6).

- Eine kurze Bemerkung zum **Geschlecht** der Begriffe: *Ruach* ist im Alten Testament überwiegend weiblich. Wir lesen in der Schöpfungsgeschichte etwas vom *„Schweben"* des Geistes, was sprachlich an das Brüten eines Vogels erinnert (1 Mose/Gen 1,2). Im Neuen Testament begegnet er uns als *„Tröster"* (Joh 14,16.26). Diese mütterlichen Züge des Heiligen Geistes sollten uns aber nicht dazu verleiten, ihn als „Göttin" zu bezeichnen.

- Auch im Neuen Testament finden wir diese natürliche Grundbedeutung von „Geist": Das griechische *pneuma* (im Neutrum) meint zunächst ebenfalls *Wind, Hauch,* dann auch *Geist* (vgl. Lk 23,46). Davon abgeleitet gibt es in der Technik das Verb „pneumatisch". Die theologische Lehre vom Heiligen Geist wird als „Pneumatologie" bezeichnet.

  „Der Wind (pneuma) *weht, wo er will. Du hörst zwar sein Rauschen, aber woher er kommt und wohin er geht, weißt du nicht. So ist es bei jedem, der aus dem Geist* (pneuma) *geboren ist"* (Joh 3,8).

- Mit diesem Wortspiel von „Wind" und „Geist" erklärt Jesus: Es gibt ein **neues Leben** aus dem Heiligen Geist, das sich dem menschlichen Prinzip von Ursache und Wirkung entzieht. Wie der Wind zwar unsichtbar bleibt, aber spürbar wirkt, so ist es mit der „neuen Geburt": Ein Mensch kann sie nicht von sich aus bewirken. Sie ist Gottes Geschenk, das man nur wie ein Kind empfangen kann (Joh 3,3–7).

- „Geist" wirkt in der Beziehung zwischen Gott und Mensch ebenso dynamisch, wie der „Wind" kraftvoll ist und Bewegung mit sich bringt. Deshalb hauchte Jesus nach seiner Auferstehung die Jünger an und sagte: *„Empfangt den Heiligen Geist!"* (Joh 20,22).

- Die lateinische Übersetzung von *pneuma* ist *spiritus*. Daher sprechen wir im Deutschen von „Spiritualität" oder empfinden etwas als „inspirierend".

Verschiedene biblische Dimensionen des Geistes

- Gottes Geist ist einerseits **Bewegung**. Als unsichtbare Kraft wirkt er in Raum und Zeit. Er bewegt Menschen, er bringt Leben von Gott mit sich. In den Spätschriften zum Alten Testament (sie sind auf Griechisch geschrieben) heißt es:

> *„Der Geist des Herrn erfüllt den Erdkreis und er, der alles zusammenhält, kennt jede Stimme."* Denn er ist ein *„Freund des Lebens"* (Weisheit 1,7; 11,26 | EÜ).

- Gottes Geist führt zur gezielten **Begegnung**. Als die schwangere Maria ihre Verwandte Elisabeth besucht, die Mutter des „Täufers" Johannes, kommt es zu einer überraschenden Reaktion der beiden Ungeborenen:

  „Als Elisabeth den Gruß Marias hörte, hüpfte das Kind in ihrem Leib. Da wurde Elisabeth mit dem Heiligen Geist erfüllt und rief laut: ‚Du bist die gesegnetste aller Frauen, und gesegnet ist das Kind in deinem Leib!'" (Lk 1,41).

  Die Bibel ist voll von solchen „Geist-zu-Geist-Momenten". Gottes Geist ist wie ein unsichtbarer Raum, in dem Menschen Gott ganz nahe kommen. So heißt es von Propheten sowohl des Alten als auch des Neuen Testaments: *„Ich war im Geist …"* (vgl. Ez 3,12–14; Offb 1,10; 4,1–3). Diese Nähe zu Gott führt auch zu einer neuen Qualität von zwischenmenschlichen Begegnungen.

- Gottes Geist bewirkt schließlich **Bevollmächtigung**. Wenn der Geist „über" Menschen oder „auf" Menschen kommt, empfangen sie von Gott eine besondere Beauftragung und werden mit seinen Gaben beschenkt (vgl. 4 Mose/ Num 11,17.25; 2 Kön 2,9.15; Lk 1,17).

Der evangelische Theologe Wilfried Härle umschreibt das Wesen des Geistes folgendermaßen: *„Während es unmöglich ist, dass mehrere materielle Gegenstände denselben Raum erfüllen könnten, kann Geist sowohl Materie als auch anderen Geist (gedanklich oder atmosphärisch) durchdringen und so wirklich ganz bei einem anderen sein."* [1] Wir rühren an dieses Geheimnis, wenn wir vom „Geist" eines Hauses, einer Gruppe, eines Abkommens sprechen. Menschen verbindet ein „Kampfgeist" oder ein „Geist der Humanität". Immer geht es dabei um etwas, das größer ist als wir selbst und uns persönlich bewegt.

> *„Führe mich durch deinen guten Geist, dann kann ich ungehindert meinen Weg gehen!"* (Ps 143,10 | HFA)

WISSENSWERT

Was das christliche Bekenntnis lehrt

Die früheste Form christlicher Bekenntnisse entwickelte sich im Rahmen der Taufe, wo der Täufling öffentlich nach seinem Glauben gefragt wurde. Die Antwort lautete dann zum Beispiel: *„Ja, ich glaube, dass Jesus Christus der Sohn Gottes ist“* (Apg 8,37). Aus einem frühen, „altrömischen Bekenntnis“ entwickelte sich das „**Apostolische Glaubensbekenntnis**“, das heute in den meisten evangelischen und katholischen Gottesdiensten gesprochen wird:

„... Ich glaube an den Heiligen Geist,
die heilige christliche (katholische) Kirche, Gemeinschaft der Heiligen,
Vergebung der Sünden, Auferstehung der Toten und das ewige Leben.“

Auf dem Konzil in Nizäa (325) wurde das *Nicaeno-Konstantinopolitanum* („**Nicänisches Glaubensbekenntnis**“) formuliert, ein theologisch bedeutsamer Konsens der entstehenden „Reichskirche“. Mit der Synode von Konstantinopel (381) machte es Kaiser Theodosius schließlich für alle Bürger in seinem Reich zum verbindlichen Glauben. Heute ist es in fast allen Konfessionen anerkannt. Man findet es, ebenso wie das Apostolische Glaubensbekenntnis, in allen evangelischen Gesangbüchern:

Wir glauben an den Heiligen Geist, der Herr ist und lebendig macht,
der aus dem Vater [und dem Sohn] hervorgeht,
der mit dem Vater und dem Sohn angebetet und verherrlicht wird,
der gesprochen hat durch die Propheten,
und die eine, heilige, allgemeine und apostolische Kirche.

Die heutige Textfassung ist das Ergebnis einer theologischen Klärung im 4. Jahrhundert, bei der es um das Verhältnis zwischen Gott dem Vater und dem Sohn einerseits und um die Rolle des Heiligen Geistes anderseits ging. Die Väter der Kirche suchten die Abgrenzung gegen Irrlehren, die den Sohn als nicht „wesensgleich“ mit Gott ansahen, also lediglich als außergewöhnlichen Menschen. Wieder andere stuften den Heiligen Geist zu einem Mittlerwesen herab, wir würden heute sagen, einer Art spiritueller Energie. Demgegenüber hat die frühe Kirche festgehalten, dass der Geist *„Herr ist und lebendig macht“*, also Gott ist und unsere Anbetung verdient. Der Zusatz, dass der Geist *„aus dem Vater und dem Sohn“* hervorgeht (lateinisch *filioque*), wurde später eingefügt und gilt nur „im Westen“. Die orthodoxe Kirche „im Osten“ hat ihn nicht übernommen.

Die **Lehre von der Trinität** ist also keine Erfindung von Theologen, sondern die Zusammenfassung von biblischen Aussagen in der Sprache ihrer Zeit. Im christlichen Bekenntnis geht es weder um den Geist als freischwebende spirituelle Kraft noch um den Glauben an „drei Götter" (so das Missverständnis im Islam), sondern um den einen, dreieinigen Gott, der sich als Vater, Sohn und Geist uns Menschen offenbart. Dies ist heute Konsens in der weltweiten Christenheit. Wenn der Heilige Geist selbst Gott ist, steht ihm auch alle Ehre und Anbetung zu und er erhört unsere Gebete. Entsprechend wurde die „Anrufung" des Geistes (Epiklese) Teil der Abendmahlsliturgie: Er möge „herabkommen" auf die versammelte Gemeinde und uns in den Gaben von Brot und Wein die Begegnung mit Jesus Christus schenken.

Während der Reformationszeit entstanden neue Formulierungen des christlichen Glaubensbekenntnisses in Form von „Katechismen". Durch ihre prägnanten Formulierungen sollten die wichtigsten Glaubensinhalte weite Verbreitung im Volk finden. Im Wesentlichen wurden damals die Bekenntnisse der ersten Jahrhunderte bestätigt. So wird im **Augsburgischen Bekenntnis** (Confessio Augustana) von 1530 ausdrücklich der *„Beschluss des Konzils von Nizäa gelehrt und festgehalten"*. Das zentrale Bekenntnis der lutherischen Kirchen betont,

> *„dass ein einziges göttliches Wesen sei, das Gott genannt wird und wahrhaftig Gott ist, und dass doch drei Personen in demselben einen göttlichen Wesen sind, gleich mächtig, gleich ewig"*: Gott Vater, Sohn und Heiliger Geist (Art. 1).

Im **Heidelberger Katechismus**, der Bekenntnisschrift für die reformierten Kirchen, wird im Blick auf den Heiligen Geist betont,

> *„dass er gleich ewiger Gott mit dem Vater und dem Sohn ist"* und *„dass er auch mir gegeben ist, mich durch wahren Glauben Christi und aller seiner Wohltaten teilhaftig macht, mich tröstet und bei mir bleiben wird bis in Ewigkeit."*

Ein schönes Beispiel für die Auslegung des dritten Glaubensartikels findet sich im **Kleinen Katechismus** von Martin Luther aus dem Jahr 1529 (ebenso wie der Heidelberger Katechismus in evangelischen Gesangbüchern zu finden):

> *„Ich glaube, dass ich nicht aus eigener Vernunft noch Kraft an Jesus Christus, meinen Herrn, glauben oder zu ihm kommen kann; sondern der Heilige Geist hat mich durch das Evangelium berufen, mit seinen Gaben erleuchtet, im rechten Glauben geheiligt und erhalten; gleichwie er die ganze Christenheit auf Erden beruft, sammelt, erleuchtet, heiligt und bei Jesus Christus erhält im rechten, einigen Glauben ..."*

1.2 DER GEIST ALS SCHÖPFERKRAFT

> *„Im Anfang schuf Gott den Himmel und die Erde. Und die Erde war wüst und leer, und Finsternis war über der Tiefe; und der Geist Gottes schwebte über dem Wasser. Und Gott sprach: Es werde Licht! Und es wurde Licht“* (1 Mose/ Gen 1,1–3 | ELB).

Bibelausleger haben in diesen ersten Versen der Bibel bereits **„Spuren der Trinität“**, des dreieinigen Gottes gesehen:

- Am Anfang aller Dinge steht die *„Gottheit“* (hebräisch *elohim*) im Plural.
- *„Gottes Geist schwebte ...“* Man könnte auch übersetzen: er *„vibrierte, flatterte, brütete ...“* Später werden wir im Neuen Testament der Taube als Symbol des Geistes begegnen.
- *„Und Gott sprach ...“* An diese ersten Verse der Bibel knüpft das Neue Testament an, wenn es Jesus als *„das Wort“* (griechisch *logos*) bezeichnet (Joh 1,1–3).

Aus der Einheit von Vater, Sohn und Geist geht die gesamte Schöpfung hervor. Der Heilige Geist begegnet uns gleich am Anfang der Bibel als Schöpferkraft. Durch ihn entsteht „aus dem Chaos Kosmos“: eine von Gott genial konzipierte Ordnung! *„Ohne den Geist kann die gesamte Schöpfung nicht überdauern“*, sagte der Kirchenvater Ambrosius (339–397). Der Reformator Johannes Calvin (1509–1564) formulierte: *„Der Geist ist überall gegenwärtig und erhält, nährt und belebt alle Dinge im Himmel und auf der Erde.“*

Jesus sagt: *„Gott ist Geist ...“* (Joh 4,24). Aber auch wir Menschen haben von Gott eine **„Geistdimension“** bekommen, denn Gott sucht unsere Nähe. Der Schöpfer hat uns so gemacht, dass wir nach ihm fragen und uns in irgendeiner Weise danach sehnen, dass wir *„in Kontakt mit ihm kommen und ihn finden“*. Oder nach einem Zitat antiker griechischer Dichter: *„Er ist es, von dem wir abstammen“* (Apg 17,27–28).

WISSENSWERT

Das Menschenbild der Bibel

In den biblischen Sprachen sind die physische und die spirituelle Dimension immer ganz dicht beieinander, lassen sich also nicht in zwei Bereiche der Realität aufspalten. Dem entspricht auch das Menschenbild der Bibel: Wir sind von Gott geschaffen als eine Ganzheit von Körper, Seele und Geist (1 Thes 5,23). Diese drei Dimensionen spielen immer ineinander. Gerade die hebräischen Begriffe für Körperteile haben im Alten Testament immer eine emotionale und soziale Dimension zugleich:

- *„Auge"* und *„Ohr"* stehen für „Sehen" und „Hören", aber auch für „Aufmerksamkeit".
- *„Nieren"* sind zugleich das „Gewissen" oder stehen für „Aufrichtigkeit".
- *„Mutterleib"* bezeichnet zugleich das „Erbarmen".
- *„Herz"* steht auch für „Vernunft" und „Einsicht", es ist die Zentrale der „Entschlüsse".
- *„Seele"* ist zugleich die „Kehle", aber auch „Verlangen, Begehren".
- *„Geist"* bezeichnet im weitesten Sinne die „Lebenskraft" des Menschen, manchmal aber auch sein „Gemüt" oder seinen „Willen". Der Theologe Hans-Walter Wolff gibt die Bedeutungsbreite des hebräischen Begriffs *ruach* so wieder: *„der ermächtigte Mensch"*.

Der Mensch: Abbild des liebenden Gottes

> *„Da bildete der HERR, Gott, den Menschen, aus Staub vom Erdboden und hauchte in seine Nase Atem des Lebens; so wurde der Mensch eine lebende Seele“* (1 Mose/Gen 2,7 | ELB).

Unter allen Geschöpfen sind es letztlich wir Menschen, auf die Gottes ganze Liebe abzielt. Gleich am Anfang der Bibel finden wir eine erste und einfache Definition dessen, **was den Menschen ausmacht**.

- Der Mensch ist von Natur aus *„Staub vom Erdboden“*. Damit wird unser **Körper** beschrieben, der offenkundig Teil der vergänglichen Materie ist (vgl. 1 Mose/Gen 3,19).
- Gott belebt sein Schöpfungswerk, indem er dem Menschen **Geist** einhaucht (1 Mose/Gen 2,7: *„Atem“*, hebräisch *neschamah*; Gen 6,3: hebräisch *ruach*).
- Erst dadurch wird der menschliche Körper zu einer *„lebenden Seele“*. **Seele** *(nephesch)* meint im Hebräischen nie einen Teil des Menschen (griechische Philosophen hielten sie für unsterblich), sondern seine ganze, unverwechselbare Persönlichkeit (vgl. Ps 103,1–2).

Die Aussage, dass wir Menschen *„nach dem Bild Gottes“* geschaffen sind (1 Mose/Gen 1,27; 9,6), gilt auch nach dem Sündenfall und begründet letztlich die unverlierbare Würde des Menschen.

Immer wieder begegnet uns **Gottes Geist** im Alten Testament **als Leben schaffende Kraft**. Ohne ihn zerfällt alles Geschaffene zu Staub. Andererseits lässt er aus dem Tod neues Leben entstehen:

> *„Der Staub kehrt zur Erde zurück, so wie er gewesen, und der Geist* (ruach) *kehrt zu Gott zurück, der ihn gegeben hat“* (Koh 12,7; vgl. 3,19–21).
>
> *„Du nimmst ihren Lebensatem* (ruach) *weg: Sie vergehen und werden wieder zu Staub. Du sendest deinen Lebenshauch aus: Sie werden geschaffen“* (Ps 104,29–30; 146,4).
>
> *„Es ist der Geist* (ruach) *im Menschen und der Atem des Allmächtigen, der sie verständig werden lässt“* (Ijob 32,8; vgl. 33,4; 34,14–15| jeweils ELB).

Diese Bibelverse sollte man nicht so deuten, als hätte jeder Mensch von Natur aus den Heiligen Geist in sich. Es gibt im Alten Testament noch keine ausgereifte Lehre vom Heiligen Geist. Aber es wird von einem Lebensprinzip in uns gesprochen: Der menschliche Geist, den wir von Gott empfangen haben, richtet uns auf die unsichtbare Welt aus. Er ist eine Art Antenne, ein **Empfangsorgan für geistliche Dimensionen**.

> *„Mit meiner Seele verlange ich nach dir in der Nacht, ja, ich suche nach dir mit meinem Geist in meinem Innern“* (Jes 26,9 | ZB).

Interessant ist auch eine Formulierung im Jakobusbrief:

> *„Mit leidenschaftlichem Eifer sehnt sich Gott danach, dass der Geist* (pneuma)*, den er uns Menschen eingepflanzt hat, ihm allein ergeben ist“* (Jak 4,5).

In unserer vernetzten Welt sind wir darauf angewiesen, möglichst überall online zu sein. Nun ist der Heilige Geist nicht wie ein Handy in unserer Tasche, das sich einfach benutzen lässt. Wie in der digitalen Welt, liegt es jedoch auch im spirituellen Bereich in unserer Hand, was wir abrufen und empfangen wollen. Hier kommt unser menschliches Herz als „Schnittstelle“ ins Spiel: Es entscheidet darüber, was auf unserem Bildschirm erscheint. *„Im Herzen eines jeden Menschen gibt es eine Leere, die nur Gott durch seinen Sohn Jesus Christus füllen kann“* (Blaise Pascal 1654).

Vom Tod zu neuem Leben

Im **Alten Testament** hat der Prophet Hesekiel (Ezechiel) eine erschütternde Vision aufgezeichnet, die wie eine prophetische Vorschau auf die kommende Geschichte Israels wirkt: Gott stellt ihn „im Geist“ auf ein weites Feld voller Totengebeine. Dabei hört er Gottes Stimme: *„Können diese Gebeine wieder lebendig werden? Ich antwortete: Gott und Herr, du weißt es.“* Schließlich soll der Prophet zu diesen Totengebeinen sprechen, dass sie wieder lebendig werden:

> *„So spricht Gott der Herr zu diesen Gebeinen: Siehe, ich selbst bringe Geist in euch, dann werdet ihr lebendig. ... Dann werdet ihr erkennen, dass ich der Herr bin“* (Ez 37,5.14 | EÜ).

Der Leben schaffende Geist manifestiert sich immer wieder in der **Geschichte Israels** und wendet sie zum Guten. Am Ende steht die Vision von einem Strom, der im Tempel entspringt und immer größer wird, bis er ins Tote Meer mündet. Unterwegs bewirkt er Heilung:

> *„Wohin der Fluss gelangt, da werden alle Lebewesen ... leben können ... Weil dieses Wasser dort hinkommt, werden sie gesund ...“* (Ez 47,9 | EÜ).

Im **Neuen Testament** wiederholt sich dieses Bild vom „Wasser des Lebens“, das Heilung bringt (Offb 22,1–2). Jesus hat öfter von der Schöpferkraft des Geistes gesprochen. Neu ist dabei allerdings die Aussage, dass er selbst die Quelle des Lebens ist und Leben schaffende Worte spricht:

> *„Der Geist ist es, der lebendig macht; das Fleisch* [der natürliche Mensch] *ist dazu nicht fähig. Die Worte, die ich zu euch geredet habe, sind Geist und sind Leben“* (Joh 6,63).

Durch Jesus kommt es zur **Auferweckung von Toten**. Ein 12-jähriges Mädchen, das soeben gestorben ist, fasst er bei der Hand und spricht ihm zu: *„Kind, steh auf! Und ihr Geist* (pneuma) *kehrte zurück, und sogleich stand sie auf …“* (Lk 8,55 | ELB). Jesus selbst erlebt als Erster diese gewaltige Transformation in einen neuen Körper. Seine Auferstehung gilt als eine Art Prototyp und gibt allen, die zu ihm gehören, begründete Hoffnung:

> *„Nun ist ja der Geist, der in euch wohnt, der Geist dessen, der Jesus von den Toten auferweckt hat. Und weil Gott Christus von den Toten auferweckt hat, wird er auch euren sterblichen Körper durch seinen Geist lebendig machen, durch den Geist, der in euch wohnt“* (Röm 8,11).

„Der Heilige Geist ist an keine Vorschrift gebunden, … dem ist kein Volk zu weit, kein Erdboden zu verwünscht, keine Gegend zu finster, kein Mensch zu dumm oder zu klug. … Er kann und will seine Wirkung aufs Herz haben und das ist alles, was wir brauchen.“

Nikolaus Ludwig Graf von Zinzendorf (1700-1760)

1.3 GEISTBEWEGTE MENSCHEN IM ALTEN TESTAMENT

Im ersten Teil der Bibel wird nur vereinzelt vom Wirken des Geistes berichtet; erst im Neuen Testament entfaltet sich das volle Bild. Wenn das Alte Testament vom „Geist des Herrn" spricht, stehen in der Regel einzelne Menschen im Zentrum, die Gott auserwählt und zu besonderen Aufgaben beruft. Dafür benötigen sie die Kraft des Geistes. Erst dadurch werden sie zu „Helden", die sich vom allgemeinen Volk abheben und Erstaunliches bewirken. Allerdings zeigt sich der Geist im Alten Testament gerade nicht rein „geistig", sondern ganz handfest in wichtigen Bereichen des Lebens. Im Blick auf die folgenden Beispiele könnten wir sagen: Er inspiriert die Kulturszene, wirkt in Regierung und Verwaltung, mischt beim Militär mit usw.

Der Geist in Aktion: Helden der Bibel

- **Josef** deutet dem Pharao zwei Träume, die für das Land Ägypten tiefgreifende Folgen haben. Der König erkennt Josef als einen *„Mann, in dem der Geist Gottes ist"*, und lässt ihn auf der Stelle aus dem Gefängnis holen (1 Mose/Gen 41,38 | ELB).
- **Bazalel** soll als Chef aller Kunsthandwerker die Stiftshütte („Zelt der Begegnung") aufbauen und einrichten. Für diese Aufgabe wird er *„mit dem Geist Gottes erfüllt, mit Weisheit, mit Verstand und mit Kenntnis für jegliche Arbeit"* (2 Mose/Ex 31,3–5 | EÜ).
- Am Ende seines Lebens bestimmt Mose seinen Diener **Josua** zu seinem Nachfolger. Er wird öffentlich in seine Führungsposition eingesetzt und von Gott dafür ausgerüstet: *„Josua ... war vom Geist der Weisheit erfüllt, denn Mose hatte ihm die Hände aufgelegt"* (5 Mose/Dtn 34,9 | EÜ).
- **Gideon**, von Haus aus ein Außenseiter, wird von Gott berufen, sein bedrängtes Volk zu befreien. *„Der Geist des HERRN hatte Gideon bekleidet. Gideon blies ins Widderhorn"* und führte Israel zu einem furiosen Sieg (Ri 6,34 | EÜ). Solche Geist-Erfahrungen machen auch andere Generäle in der Geschichte Israels (Ri 3,10; 11,29; 1 Chr 12,19).

- **Simson**, ein Unikum unter den Richtern, erlebt die ungewöhnlichsten Dinge mit dem Geist Gottes (Ri 14,6.19; 15,14). Letztlich endet er als tragischer Held und gebraucht seine übermenschlichen Fähigkeiten nicht immer zum Besten. Aber gerade diese Geschichte zeigt in durchaus provokanter Weise: Charisma und Charakter passen nicht automatisch zusammen. Dennoch erweist Gott seine Kraft auch an Menschen, die aufgrund ihrer Lebensführung für ihn ein Risiko darstellen!
- **Saul** war der erste König Israels, der ebenfalls tragisch endete. Dennoch: Bei seiner Entdeckung und Beauftragung (Salbung) wirkt Gottes Geist auf eindrückliche Weise:

  „Dann wird der Geist des HERRN über dich kommen und du wirst wie sie [eine Gruppe von Propheten] *in Verzückung geraten und in einen anderen Menschen verwandelt werden."*

  Als dies geschieht, sind Sauls Begleiter außer sich und fragen: *„Was ist denn nur mit dem Sohn des Kisch geschehen? Ist auch Saul unter den Propheten?"* (1 Sam 10,6.10–11 | EÜ).
- Im Alten Testament kommt es während der Wüstenwanderung Israels bereits zu einer Art „Pfingsterlebnis". Gerade in einem Moment, in dem **Mose** mit der Führung des Volkes überfordert ist, erlebt er das Kommen des Geistes, quasi einen Vorgeschmack von Pfingsten:

  „Der HERR kam in der Wolke herab und redete mit Mose. Er nahm etwas von dem Geist, der auf ihm ruhte, und legte ihn auf die siebzig Ältesten. Sobald der Geist auf ihnen ruhte, redeten sie prophetisch" (4 Mose/Num 11,25 | EÜ).

  Josua ist dieses Gebaren derart suspekt, dass er Mose auffordert, hier Einhalt zu gebieten. Wir wissen nicht genau, was geschah. Jedenfalls schenkt Gottes Geist den Ältesten prophetische Worte und Mose reagiert eher mit einer Sehnsucht nach „mehr":

  „Wenn nur das ganze Volk des HERRN zu Propheten würde, wenn nur der HERR seinen Geist auf sie alle legte!" (4 Mose/Num 11,29 | EÜ).

Wir sehen im Alten Testament, wie der Geist einerseits übernatürlich wirkt, dabei jedoch in ganz natürliche Vorgänge eingreift. Wo immer **Gottes Geist** „auf Menschen kommt", **bevollmächtigt und befähigt** er sie und lässt sie über sich hinauswachsen. Der Heilige Geist wirkt vor allem in den beiden Bereichen von

Weisheit und **Kraft**. Wo beides zusammenkommt, entwickeln sich die Dinge zum Positiven.

Wo Menschen in dieser Weise vom Geist erfüllt sind, zeigen sie ...

- Charakterstärke (Integrität, Vorbild)
- Führungsqualitäten (ordnen, richten, motivieren)
- Kreativität, Fähigkeiten (Kunst, Erfindungen)

Die großartige Zusage, dass Gott seinen Geist auf Menschen „ausgießt", tritt **allgemein erst durch Pfingsten** in Kraft. Angedeutet wird sie aber schon im Alten Testament in der Erwartung des Messias. Durch unsere Beziehung zu Jesus bekommen auch wir Anteil an der Kraft des Heiligen Geistes:

> *„Ich habe meinen Geist auf ihn gelegt."* Und *„auf ihm wird der Geist des HERRN ruhen, der Geist der Weisheit und der Einsicht, der Geist des Rates und der Kraft, der Geist des Wissens und der Furcht des HERRN"* (Jes 42,1; 11,2 | ZB).

„Es gibt keine größere Freiheit, als sich vom Heiligen Geist tragen zu lassen, darauf zu verzichten, alles berechnen und kontrollieren zu wollen, und zu erlauben, dass er uns erleuchtet, uns führt, uns Orientierung gibt und uns treibt, wohin er will. Er weiß gut, was zu jeder Zeit und in jedem Moment wichtig ist."

Papst Franziskus (Evangelii Gaudium, 2013)

1.4 KRAFT UND/ODER PERSON?

Im Alten Testament wird rund 100-mal vom *„Geist Gottes“* bzw. *„Geist des Herrn“* gesprochen, seltener vom *„Heiligen Geist“* (Ps 51,13; Jes 63,10–11). Wo immer er auftaucht, erweist er sich als unsichtbar wirkende Kraft (4 Mose/Num 27,16). Davon ist in unterschiedlicher Weise die Rede:

- Wenn die *„Herrlichkeit des HERRN“* die Stiftshütte und später den Tempel erfüllt, ist dies zugleich die überwältigende Gegenwart des Heiligen Geistes (2 Mose/Ex 40,34–35; 1 Kön 8,10–11).
- Wenn *„die Hand des HERRN“* auf einen Propheten kommt, ist dies gleichbedeutend mit dem kraftvollen Wirken des Geistes (1 Kön 18,12.46).
- Wenn *„der Geist aus der Höhe ausgegossen wird“*, hat Gott sich über sein Volk erbarmt. Und letztlich führt Gott selbst, wenn *„der Geist des HERRN“* führt (Jes 63,14).
- Gottes *„Geist“* ist die persönliche Präsenz Gottes, der uns Menschen sein *„Angesicht“* zuwendet (Ps 139,7). Er verspricht uns seine beständige Gegenwart: *„Mein Geist soll unter euch bleiben. Fürchtet euch nicht!“* (Hag 2,5 | LUT).

Im Neuen Testament wird es konkreter: Hier ist häufig von der *„Kraft des Geistes“* die Rede. Das griechische Wort *dynamis* (daher „Dynamik“) bezeichnet die *„Kraft/Fähigkeit/Macht“*, etwas zu tun oder zu sein. Diese Kraft ist jedoch nie abstrakt, sondern führt zu einer persönlichen Befähigung. Wenn wir an das abgeleitete Wort „Dynamit“ denken, wird schnell deutlich: Durch den Heiligen Geist schenkt Gott uns etwas von seinen Fähigkeiten. Wir sind nicht länger auf unsere eigenen Kraftreserven angewiesen! So verspricht Jesus seinen Jüngern, bevor er in den Himmel zurückkehrt: *„Ich aber werde die Kraft aus der Höhe auf euch herabsenden“* (Lk 24,49). Lukas wiederholt diese Zusage am Anfang der Apostelgeschichte:

> *„Wenn der Heilige Geist auf euch herabkommt, werdet ihr mit seiner Kraft ausgerüstet werden, und das wird euch dazu befähigen, meine Zeugen zu sein …“* (Apg 1,8).

Der Geist bewirkt in seiner *dynamis* positive Veränderungen: Er schenkt *„Gerechtigkeit, Frieden und Freude“*, er bewirkt *„machtvolle Wunder und außergewöhnliche Dinge“*.

Paulus spricht von der *„Liebe, die der Heilige Geist wirkt"* (Röm 14,17; 15,19.30). Manchmal ist sein Wirken aber auch überraschend und erschreckend, wenn sich Menschen Gott widersetzen (vgl. Apg 5,1–16). An Gottes Geist scheiden sich früher oder später die Geister.

Wie verhält sich nun die Erfahrung göttlicher „Kraft" zu der Vorstellung, dass der Geist „Person" ist, nämlich Gott selbst? Er wird auch als *„Geist des Vaters"* (vgl. Mt 10,20) oder als *„Geist des Sohnes"* bezeichnet (vgl. Gal 4,6). **Der Geist ist die „dritte Person Gottes"**. Deshalb können wir auch niemals über ihn verfügen wie über „spirituelle Energien". Die Bibel warnt uns sogar ausdrücklich vor Magie oder Zauberei (vgl. Apg 8,18–24; 19,18–20) und unterscheidet immer sehr deutlich zwischen menschlichem Machtstreben und dem Wirken des Heiligen Geistes:

> *„Es soll nicht durch Heer oder Kraft, sondern durch meinen Geist geschehen, spricht der HERR Zebaoth"* (Sach 4,6 | LUT).

Wahrheit als Paradoxie

Ist der Heilige Geist für uns nun Kraft und/oder Person? Hier stoßen wir auf eine Paradoxie, von der es etliche in der Bibel gibt. Paradoxien sind scheinbare Widersprüche, die zwei richtige Aussagen in sich vereinen, die eigentlich im Widerspruch zueinander stehen. So wird in der neueren Physik Licht als „Quantenobjekt" bezeichnet: Es hat die Eigenschaften einer Welle, lässt sich aber auch in Gestalt von Teilchen darstellen. Beides geht eigentlich nicht zugleich; insofern lässt sich das Wesen des Lichtes nur in einem **vermeintlichen Widerspruch** beschreiben.

In unserer irdischen Wahrnehmung kann auch ein Kraftfeld niemals zugleich Person sein. Wir gebrauchen Elektrizität, sind über unsichtbare Wellen „online", erleben ständig die Gravitationskraft und müssen in der Kurve mit Fliehkräften rechnen. Doch all das ist unpersönlich und manchmal unheimlich. Von Personen aber gehen verschiedene Kräfte aus (Muskelkraft, Geisteskraft, Ausstrahlung), ohne dass wir diese personifizieren würden.

Für unser Verständnis des Heiligen Geistes ist nun Folgendes wichtig: Er ist Kraft und Person zugleich – und beides ist gut und wichtig für uns! Gottes Geist ist die **„Quelle des Lebens"** und insofern mit der gesamten Schöpfung vertraut. Er „durchweht" sie auf geheimnisvolle Weise, möchte sie mitgestalten und erneuern (vgl. Jes 32,15). Er möchte Menschen auch für Lebensbereiche inspirieren, die außerhalb der Institution Kirche liegen und im Gemeindeleben oftmals keine große Rolle spielen:

- Fragen der **Umwelt und Bewahrung der Schöpfung**, nach gesunder Ernährung, fairem Handel, Überwindung von Armut und Kampf um Gerechtigkeit. In all diese Felder möchte der Schöpfer-Geist gerne hineinsprechen und Lösungen aufzeigen.

  „Ja, die gesamte Schöpfung wartet sehnsüchtig darauf, dass die Kinder Gottes in ihrer ganzen Herrlichkeit sichtbar werden. ... Wir wissen allerdings, dass die gesamte Schöpfung jetzt noch unter ihrem Zustand seufzt, als würde sie in Geburtswehen liegen. ...“ (Röm 8,19–26).

  In diesem gehaltvollen Kapitel Römer 8 beschreibt Paulus eindrücklich, wie der Heilige Geist nicht nur im Blick auf persönliche Leiderfahrungen auf unserer Seite steht, sondern sich – gemeinsam mit allen Gläubigen – mit der gesamten Schöpfung solidarisiert.

- Ferner zeigt sich der Geist als gestaltende Kraft in den Bereichen **Kunst und Kultur**, Musik und Malerei, **Forschung und Bildung**. Als „Geist der Weisheit und Erkenntnis“ inspiriert er Menschen, oftmals ohne deren ausdrückliche Bitte darum. Er ist Gottes kreativ gestaltende Kraft, ein Freund des Guten und Schönen (vgl. Röm 12,2). Wir ehren den Heiligen Geist, wenn wir uns ihm mit all unseren Begabungen und Fähigkeiten zur Verfügung stellen.

Gemeinschaft mit dem Geist

Im Alten wie im Neuen Testament finden wir Hinweise darauf, dass Gottes Geist wie eine Person Empfindungen hat und Beziehungen sucht: Die Israeliten haben den Heiligen Geist *„gekränkt“* (Jes 63,9–14 | ZB). Man kann den Geist durch falsches Verhalten *„belügen“* und *„herausfordern“*, ihm bewusst oder unbewusst *„widerstreben“* (Apg 5,3.9; 7,51). Man kann ihn durch einen verkehrten Lebensstil *„traurig machen“* (Eph 4,30). Haben Sie schon einmal darüber nachgedacht, dass wir Gott Schmerzen zufügen können (vgl. 1 Mose/Gen 6,6)?

Es geht also um eine echte **Ich-Du-Beziehung zum Heiligen Geist**. Diese Beziehung erschließt sich allerdings erst, wenn wir uns bewusst Jesus Christus anvertraut haben.

Einen seiner Briefe beschließt Paulus mit folgendem Segenswunsch:

> *„Die Gnade des Herrn Jesus Christus und die Liebe Gottes und die Gemeinschaft des Heiligen Geistes sei mit euch allen“* (2 Kor 13,13 | ZB).

Wir können also in derselben Weise mit dem Geist *„Gemeinschaft“* haben wie mit Gott dem Vater und seinem Sohn Jesus Christus (vgl. 1 Kor 1,9). „Gemeinschaft“ können wir aber nur mit anderen Personen haben, nicht mit abstrakten Kraftfeldern. Das griechische Wort *koinonia* meint, dass wir *„Anteil geben und Anteil nehmen“*, dass wir einander begegnen und unser Leben mit anderen teilen. Genau das beabsichtigt der Heilige Geist in uns.

> „Wenn wir uns den Heiligen Geist nur als Einfluss oder Kraft vorstellen, die wir bekommen und deren wir uns bedienen können, denken wir naturgemäß: ‚Wie kann ich mehr vom Heiligen Geist bekommen?‘ Aber wenn wir uns ihn der Bibel gemäß als eine Person vorstellen, werden wir fragen: ‚Wie kann der Heilige Geist mehr von mir bekommen?‘“

Reuben Archer Torrey (1856–1928)

1.5 JESUS UND DER HEILIGE GEIST

Lukas scheint den Heiligen Geist sehr geschätzt zu haben. Allein in seinem zweiten Geschichtswerk, der Apostelgeschichte, erscheint der Begriff „(Heiliger) Geist" rund 50-mal. Aber schon zu Beginn des Neuen Testaments deutet sich ein „neues Zeitalter des Geistes" an: Rund um die Geburt von Jesus ist der Heilige Geist aktiv. Er spricht, leitet und bewirkt sogar die Zeugung des Gottessohnes im Leib der Maria ohne Einwirkung eines Mannes!

> *„Ich glaube ... an Jesus Christus, seinen eingeborenen Sohn, unsern Herrn, empfangen durch den Heiligen Geist, geboren von der Jungfrau Maria, gelitten unter Pontius Pilatus, gekreuzigt, gestorben und begraben ..."*

Im Apostolischen Glaubensbekenntnis benennt die Christenheit seit den ersten Jahrhunderten und über alle Konfessionsgrenzen hinweg die wichtigsten Eckdaten im Leben Jesu Christi: Maria steht für Gottes uneingeschränktes Ja zu seinem Sohn, Pilatus für die Ablehnung durch die Menschheit. Zwischen diesen Extremen verläuft sein Leben. So wenig die **Geburt „von der Jungfrau Maria"** für viele Zeitgenossen wissenschaftlich haltbar ist, so zentral ist sie doch für die Lehre vom Heiligen Geist: Gott schenkt uns Menschen seinen Sohn, ohne dass wir dafür die Voraussetzungen geschaffen haben. Die „Jungfrauen-Geburt" ist typisch für Gott, *„der die Toten lebendig macht und das, was nicht ist, ins Dasein ruft"* (Röm 4,17). Zugleich liegt hier eine große Hoffnung für uns: Gott ist imstande, aus dem „Nichts" etwas Neues und Großartiges zu schaffen.

Verstärktes Wirken des Geistes rund um seine Geburt

In den ersten vier Kapiteln des Lukasevangeliums begegnet uns ein verstärktes und verdichtetes Wirken des Heiligen Geistes – zunächst rund um die Geburt von Jesus:

- **Johannes** (genannt „der Täufer") war *„schon im Mutterleib ... mit dem Heiligen Geist erfüllt"* und wurde von seinen Eltern Gott geweiht (Lk 1,15).
- **Maria** bekommt die Zusage: *„Der Heilige Geist wird über dich kommen, und die Kraft des Höchsten wird dich überschatten"* (Lk 1,34–35).
- **Elisabeth** *„wurde mit dem Geist erfüllt"* und war voller Freude, als sie Besuch

von der schwangeren Maria bekam: Da *„hüpfte das Kind vor Freude in meinem Leib“* (Lk 1,40–45).

- **Zacharias**, der Vater von Johannes, wurde nach dessen Geburt *„mit dem Heiligen Geist erfüllt“* und begann prophetische Worte auszusprechen (Lk 1,67–79).
- **Simeon**, ein prophetisch begabter Mann in hohem Alter, trifft den neugeborenen Jesus im Tempel: *„Der Heilige Geist ruhte auf ihm, und durch den Heiligen Geist war ihm auch gezeigt worden“*, dass er noch zu seinen Lebzeiten den Messias sehen werde (Lk 2,25–27).

Alle diese unterschiedlichen Zeugen spürten deutlich, dass Gott für sein Volk Israel ein neues Kapitel aufschlug. Als Johannes der Täufer, ein Verwandter von Jesus aus Nazareth, öffentlich auftrat, ging dies wie ein Fanfarenstoß durchs Land:

„Er wird euch mit dem Heiligen Geist und mit Feuer taufen“

Für die erwartungsvolle Bevölkerung schien es viel naheliegender zu sein, **Johannes** für den Messias zu halten, zumal sich Jesus unter das Volk mischte, um sich von ihm taufen zu lassen (vgl. Joh 1,19–27)! Der Täufer macht jedoch unmissverständlich klar, worauf das Zeichen seiner Taufhandlung hindeutet:

> *„Ich taufe euch mit Wasser; es kommt aber der, der stärker ist als ich; ich bin nicht wert, dass ich ihm die Riemen seiner Schuhe löse; der wird euch mit dem Heiligen Geist und mit Feuer taufen“* (Lk 3,16 | LUT).

In den 40 Tagen nach seiner Auferstehung bis zur Aufnahme in den Himmel hat **Jesus** seinen Jüngern diese Erfahrung der Wassertaufe durch Johannes gedeutet: Sie war ein wichtiges Zeichen für eine Reformbewegung in Israel, sollte die Menschen aber auf eine Taufe ganz anderer Art vorbereiten:

> *„Johannes hat mit Wasser getauft, ihr aber werdet mit dem Heiligen Geist getauft werden, und das schon in wenigen Tagen“* (Apg 1,5; 11,16).

Diese Aussage kommt in allen vier Evangelien vor, spielt also eine zentrale Rolle, und wird noch zweimal in der Apostelgeschichte wiederholt (mehr dazu im 3. Kapitel).

Als Jesus sich selbst taufen lässt, empfängt er von Gott den Heiligen Geist. Er wurde in jeder Hinsicht einer von uns, brauchte also auch diese „Ausrüstung von oben", um seinen öffentlichen Dienst tun zu können:

> *„Als er nach seiner Taufe betete, öffnete sich der Himmel, und der Heilige Geist kam in sichtbarer Gestalt wie eine Taube auf ihn herab. Und aus dem Himmel sprach eine Stimme: ‚Du bist mein geliebter Sohn, an dir habe ich Freude'"* (Lk 3,21–22).

Man kann **die Taufe von Jesus** als eine Art Prototyp für den Weg eines Jesusjüngers sehen. Hier sind einige Aspekte aus der Tauf-Szene, die auch für unser Leben im Heiligen Geist von großer Bedeutung sind:

- Der Himmel öffnet sich: Gott stellt sich öffentlich zu seinem Sohn. Er ist „mit ihm" und dadurch auch *„mit uns"* (hebräisch: *Immanuel*). Dieses Mit-Sein Gottes ist der Schlüssel auch für unsere Vollmacht (Mt 1,23; 28,20).
- Der Geist manifestiert sich *„sichtbar"* in Gestalt einer Taube. Dabei spricht Gott der Vater über seinem Sohn aus, dass er Freude an ihm hat. Wo der Geist wirkt, offenbart sich Gott als Vater. Durch seinen Geist werden auch unsere Herzen mit der Liebe Gottes erfüllt (Röm 5,5).
- Nach der Taufe und der Erfüllung mit dem Heiligen Geist beginnt unter Führung des Heiligen Geistes ein zielgerichteter und höchst dynamischer Weg:

  Jesus wird *„vom Geist in die Wüste geführt"* und durchlebt dort 40 Tage härtester Auseinandersetzung mit den verlockenden Angeboten Satans (Lk 4,1 | SLT).

  Danach kehrt er *„in der Kraft des Geistes"* in seine Heimat nach Galiläa zurück (Lk 4,14 | LUT). Jesus hat in dieser Zeit alle Prüfungen bestanden und Klarheit über seinen weiteren Weg gewonnen! Er war *„mit dem Heiligen Geist gesalbt und mit Kraft erfüllt"* (Apg 10,38).

  Sogleich kommt er zum Gottesdienst in seiner Heimatstadt Nazareth, wo ihn jeder kennt. Allerdings führt seine Auslegung der Schriftstelle Jesaja 61,1–2 zur Polarisierung unter den Zuhörern und zum ersten Anschlag auf sein Leben. Was war daran so besonders?

BIBELTEXT

Wir lesen gemeinsam: Lukas 4,14–21.25-28

- Jesus gibt einer altbekannten Prophetie des Alten Testaments eine ungeahnte Zuspitzung: *„Heute hat sich dieses Schriftwort erfüllt"* (V. 21). Damit steht sogleich die Frage im Raum: Wer ist dieser Jesus? In welchem Verhältnis steht er zu den Heiligen Schriften?

- Jesus proklamiert anhand der Jesaja-Worte den Anbruch einer neuen Zeit: *„Der Geist des Herrn ruht auf mir, denn der Herr hat mich gesalbt …"* (V. 18). Es folgen eine Reihe von Merkmalen, die bald schon für den Dienst Jesu typisch werden sollten: Verkündigung guter Nachrichten, Heilung und Befreiung vieler Menschen. Alles deutet auf *„ein Jahr der Gnade des Herrn"* hin (V. 19; vgl. 3 Mose/Lev 25,10: im *„Erlassjahr"* mussten alle Sklaven freigelassen werden).

- Jesus wird mit seiner Auslegung insofern politisch, als er Nichtjuden als Beispiel für Menschen anführt, die schon im Alten Testament von Gottes Gnade berührt waren (V. 25–28). Damit entfaltet Jesus sein Programm: Gottes Reich nimmt seinen Lauf und wird langfristig Juden ebenso erreichen wie Menschen anderer Völker. Seine Wunder haben dabei nur die Funktion von Zeichen: Sie sind Hinweise auf den Anbruch einer neuen Zeit, in der die ganze Schöpfung heil wird.

Nach Vollendung seines Dienstes auf der Erde übergibt Jesus den Staffelstab und verspricht seinen Jüngern den Beistand des Heiligen Geistes. Wie er selbst, so sollen auch sie mit der *„Kraft aus der Höhe ausgerüstet"* werden (Lk 24,47–49). Nach dem Bericht des Johannesevangeliums haucht der auferstandene Jesus seine Jünger regelrecht an – wie der Schöpfer im Anfang (vgl. 1 Mose/Gen 2,7) – und sagt ihnen zu: *„Empfangt den Heiligen Geist!"* (Joh 20,22).

1.6 DER HEILIGE GEIST IN UNS

Die Kapitel Johannes 13–17 gehören zu den kostbarsten Abschnitten im Neuen Testament. Kurz vor seinem Leiden und Sterben gibt Jesus seinen Jüngern noch einmal einen tiefen Einblick in sein Herz. Zugleich bereitet er sie auf den Abschied vor und kündigt **eine neue Epoche** an, in der nämlich der Heilige Geist seinen Platz einnehmen wird. Allerdings wird er nicht körperlich im Kreis seiner Jünger sein, wie Jesus es war, sondern in ihren Herzen. Insofern kann Jesus sagen:

> *„Es ist gut für euch, dass ich weggehe. Denn wenn ich nicht von euch wegginge, käme der Helfer nicht zu euch; wenn ich aber gehe, werde ich ihn zu euch senden“* (Joh 16,7).

> „Gleichwie Jesus zuerst vom Heiligen Geist erfüllt und dann von ihm geführt wurde, so müssen auch wir voll Geistes werden, und uns dann von ihm leiten lassen. ... Um in Wahrheit ein christliches, ein Jesus-ähnliches Leben führen zu können, bedarf es nichts Geringeres als die Fülle des Geistes. ... Der Heilige Geist will das alte Leben hinwegnehmen und stattdessen das Leben Christi dir einpflanzen.“

Andrew Murray (1828-1917)

BIBELTEXT

Wir lesen gemeinsam: Johannes 14,15–26

Im Rahmen seiner „Abschiedsreden“ beim letzten Abendessen verspricht Jesus das Kommen des Heiligen Geistes. Diese Kapitel enthalten seine wichtigsten Merkmale. Dabei gibt Jesus dem Heiligen Geist einen neuen Namen. Viermal verwendet er die griechische Bezeichnung *parakletos*, wörtlich *„der Herbeigerufene“*. Man kann auch übersetzen: *„Beistand, Helfer, Ratgeber, Tröster“* (Joh 14,16.26; 15,26; 16,7). In bestimmten Lebenssituationen brauchen wir einen Coach, eine Therapeutin, einen *„Anwalt“*. Das alles steckt im Begriff parakletos. Vom Heiligen Geist sagt Jesus:

Er wird *„für immer bei euch sein“* – also nicht nur einmalig, sondern permanent (V. 16).

„Er bleibt bei euch und wird in euch sein“ – allerdings in einem Modus, den *„die Welt“* nicht einordnen kann (V. 17).

Er wird euch *„alles Weitere lehren und euch an alles erinnern, was ich euch gesagt habe“* (V. 26) – der Geist wird unser Lehrer und Berater sein, quasi die Stimme Jesu in uns (vgl. Lk 12,12).

Jesus verspricht: *„Der Vater wird euch einen anderen Helfer geben“* (V. 16), und zwar *„an meiner Stelle“*. Der Heilige Geist ist von derselben Art wie Jesus und nimmt seinen Platz ein – in unseren Herzen (vgl. 1 Joh 2,1)!
50 Tage später, am Pfingsttag, kommt er dann über die gesamte Gemeinde.

Ein neuer „Helfer" an unserer Seite

Durch die Präsenz des Heiligen Geistes ist Jesus nun an unzähligen Orten zeitgleich erfahrbar. Er kommt jedem einzelnen Menschen, der sich ihm zuwendet, in einzigartiger Weise nahe. Deshalb ermutigt Jesus seine Jünger zum Abschied:

> *„Ich werde euch nicht als hilflose Waisen zurücklassen; ich komme zu euch"* (Joh 14,18).

An diesem Übergang von der „Zeit des Sohnes" zur „Zeit des Geistes" ist die gesamte **Trinität** *(Dreieinigkeit)* beteiligt:

> Jesus selbst sendet den Geist (Joh 16,7) bzw. verspricht mit Blick auf den Heiligen Geist: *„Ich komme zu euch"* (Joh 14,18).
>
> Der Heilige Geist wird vom Vater *„in meinem Namen"* gesandt bzw. geht *„vom Vater"* aus (Joh 14,26; 15,26).
>
> Gott möchte alle, die zu Jesus gehören, in seine Gemeinschaft hineinnehmen. Das ganze „göttliche Team" möchte in uns zu Hause sein: *„Mein Vater wird ihn lieben, und wir werden zu ihm kommen und bei ihm wohnen"* (Joh 14,23).
>
> Jesus hatte schon früher betont: *„Ich und der Vater sind eins"* (Joh 10,30; vgl. 14,11).

„Christus in uns"

Erst durch den Heiligen Geist wird es möglich, dass Gott selbst im Menschen wohnt. Denn *„Gott ist Geist"* (Joh 4,24). Im Modell vom dreieinigen Gott ist der Heilige Geist die uns jetzt primär zugewandte Seite Gottes. Als der Dreieinige wirkt Gott in uns und durch uns.

> *„Wir wissen, dass Gott in uns lebt; das bestätigt uns der Geist, den er uns geschenkt hat"* (1 Joh 3,24 | HFA).

Dass Gottes Geist in uns wohnt, ist ein anderer Ausdruck dafür, dass *„nun Christus in euch ist"* (Röm 8,9–11). Durch den Heiligen Geist lebt der auferstandene Jesus in uns. *„Bleibt in mir und ich werde in euch bleiben"*, hatte er seinen Jüngern zum Abschied gesagt (Joh 15,4; 17,26). Auch Paulus betont dieses Sein „in Christus" als Schlüssel zu einem wirkungsvollen Leben als Christ:

„Nicht mehr ich lebe, sondern Christus lebt in mir. Was ich nun im Fleische lebe, lebe ich im Glauben an den Sohn Gottes, der mich geliebt und sich für mich hingegeben hat“ (Gal 2,20 | EÜ).

Im Blick auf den geistlichen Reifeprozess in den neu gegründeten Gemeinden ertrug der Apostel Paulus in seinem Herzen *„Geburtswehen ..., bis Christus in euch Gestalt annimmt“* (Gal 4,19 | EÜ).

PERSÖNLICH ERLEBT

Wenn der Heilige Geist tröstet

Eine schlimme Krankheit bringt mich derzeit an meine körperlichen und seelischen Grenzen. Doch ich erlebe, wie Gottes Geist mich tröstet und ermutigt.

Einige Male sah ich mich während schlafloser Nächte in einem offenen Raum: Man kann durch die Wände hindurchsehen. Dort sitze ich zusammen mit Jesus. In dem Raum herrscht ein tiefer Friede. Ich bin innerlich zutiefst berührt und fühle mich einfach nur wohl. Es steht nichts zwischen Jesus und mir. Niemand muss etwas sagen. Meine Fragen und Ängste spielen überhaupt keine Rolle mehr, alles ist in Ordnung. Gottes friedvolle Gegenwart ist für mich emotional real spürbar. Ich habe es nicht in der Hand, mich willentlich in diesen besonderen Raum zu bringen, obwohl ich mich danach sehne. Gottes Geist führt mich da hinein, wann er es will.

Auch ein anderes Erlebnis hat mich in Gottes Nähe geführt. Als ich mich mit Psalm 23 beschäftigte, erlebte ich völlig unerwartet, wie der Heilige Geist die Leitung übernahm. Vor meinem inneren Auge erschien wie in einem Film ein Hirte, der von Schafen umgeben war. Ich erkannte mich in einem kleinen Schäfchen wieder, das sich vor die Füße des Hirten legte, seine Nähe suchte. Eine Weile lag das Schäfchen dem Hirten zu Füßen. Dann beugte sich der Hirte nach unten und nahm das Schäfchen in seine Arme. Ich fühlte mich geborgen, beachtet und sicher in den Armen des fürsorglichen und starken Hirten.

Diese Erfahrungen geben mir die Gewissheit, dass Gott sich um mich kümmert, und sie ermutigen mich, die vor mir liegende schwierige Zeit auszuhalten. Wie gut ist es, das Kind eines solchen Gottes sein zu dürfen!

Zitiert nach: GEISTESGEGENWÄRTIG 1/2020 (S. 8)

1.7 VATER, SOHN, GEIST: DREI PERSONEN UND DOCH EINS

Über das Thema „Dreieinigkeit“ (Trinität) zerbrechen sich die klügsten Theologen seit Jahrhunderten den Kopf: Wie kann Gott „der Eine“ und zugleich „dreifaltig“ sein? Dazu am Schluss dieses Kapitels nur wenige Beobachtungen. Im Neuen Testament wird noch keine ausdrückliche Trinitäts-Lehre entwickelt. Allerdings finden sich mehrere Verse, wo die „Dreiheit“ von Vater, Sohn und Geist erkennbar ist (vgl. Lk 10,21; Gal 4,6; Eph 1,17; 4,3–6). Dabei wird aber immer vorausgesetzt, was für den jüdischen Glauben zentral war und ist: die Einzigartigkeit des „einen“ Gottes (vgl. Sach 14,9; Mk 12,29–32; Joh 5,44; 1 Kor 8,6). So lautet das Glaubensbekenntnis Israels:

> *„Höre, Israel! Der HERR, unser Gott, der HERR ist einzig. Darum sollst du den HERRN, deinen Gott, lieben mit ganzem Herzen, mit ganzer Seele und mit ganzer Kraft“* (5 Mose/Dtn 6,4–5 | EÜ).

Dennoch zeigt sich Gott bereits im Alten Testament auf geheimnisvolle Weise „im Team“:

- **Abraham** bekommt Besuch von *„drei Männern“*, die später als *„Engel“* bezeichnet werden. Dabei ist es *„der Herr“*, der mit ihm spricht (1 Mose/Gen 18,1–2.16–22.33; 19,1; vgl. 1 Sam 10,3–4).
- **Mose** begegnet dem *„Engel des Herrn in einer Feuerflamme“*, den er in einem Dornbusch wahrnimmt. Dabei begegnet ihm *„der Herr“*, der Gott seiner Vorfahren (2 Mose/Ex 3,1–10).
- **Josua** sieht sich unvermittelt einem *„Mann“* gegenüber, der sich als *„Anführer des Heeres des HERRN“* vorstellt. In ihm begegnet Gott selbst dem Josua – vermutlich erscheint hier auf verborgene Weise Jesus (Jos 5,13–15 | EÜ). Eine ähnliche Erscheinung erlebt **Gideon** (Ri 6,11–22).

Trinitarische Formulierungen im Neuen Testament

Erst mit der Erscheinung von Jesus als Sohn Gottes entfaltet sich das ganze Bild eines „dreieinigen" Gottes. Die wenigen trinitarischen Formulierungen im Neuen Testament sind allerdings Schlüsselverse:

- Jesus gibt seinen Jüngern den **Auftrag**, Menschen weltweit zu seinen Jüngern zu machen und sie **zu taufen**, und zwar in der Autorität des dreieinigen Gottes:

  „Tauft sie auf den Namen des Vaters, des Sohnes und des Heiligen Geistes" (Mt 28,19). Man kann auch übersetzen: *„indem ihr sie eintaucht in die Wirklichkeit des Vater, des Sohnes und des Heiligen Geistes"* (David Stern).

- In seinen grundlegenden Ausführungen zu den **Gaben des Geistes** gebraucht Paulus ebenfalls trinitarische Formulierungen:

  „Es gibt verschiedene Gnadengaben, aber nur den einen Geist. Es gibt verschiedene Dienste, aber nur den einen Herrn. Es gibt verschiedene Kräfte, die wirken, aber nur den einen Gott: Er bewirkt alles in allen"
  (1 Kor 12,4–6 | EÜ).

  Dieser Abschnitt spricht vom Wirken des dreieinigen Gottes in Form von ...

  - *„Gnadengaben"*, die auf den Geist zurückgehen,
  - *„Diensten"*, zu denen Jesus, der Herr, beauftragt,
  - *„Kräften"*, die ebenfalls auf *„den einen Gott"* zurückgehen.

- Schließlich ist uns schon der **Segenswunsch** des Paulus für die Gemeinde in Korinth begegnet:

  „Die Gnade unseres Herrn Jesus Christus und die Liebe Gottes und die Gemeinschaft des Heiligen Geistes sei mit euch allen!" (2 Kor 13,13 | LUT).

Erst in der Zusammenschau der großen Ereignisse von Karfreitag, Ostern, Himmelfahrt und Pfingsten ergibt sich das Gesamtbild: Der *eine* Gott ist uns in *drei* unterschiedlichen Wirkungsweisen zugewandt. Doch immer ist es ein und derselbe Gott, der sich aber unterschiedlich „verwirklicht". In ihm ist vollkommene Einheit, Frieden, Harmonie und gegenseitige Ergänzung. *„Gott ist nicht ewige Einsamkeit, sondern ein Kreis der Liebe in Hingabe und Zurückschenken: Vater, Sohn und Heiliger Geist"* (Papst Benedikt XVI., 2005). Wir können uns dies so schwer vorstellen, da bei uns Menschen die Beziehung von „drei Personen" selten spannungsfrei oder konkurrenzlos verläuft.

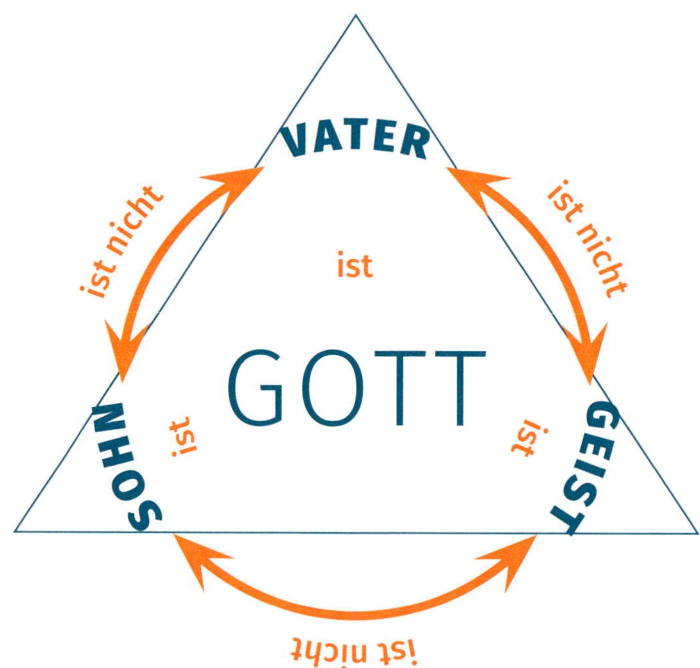

Der klassische Versuch, die Dreieinigkeit darzustellen, ist das Dreieck, das in der Zeit des Barock zur beliebten Darstellung der Trinität wurde. Drei „Personen“, voneinander unterschieden, unvermischt, aber ungetrennt. Viel wichtiger als ein „geschlossenes Konzept“ (das sich im Laufe der Kirchengeschichte entwickelte) ist allerdings dies: Der Heilige Geist will in Beziehung zu uns treten, er will in uns wohnen und sich mit uns verbinden.

Definieren, was sich nicht definieren lässt?

Bereits in den ersten Jahrhunderten versuchten Theologen, die mehrheitlich griechisch sprachen und oftmals von philosophischen Denkmustern geprägt waren, das Geheimnis der Trinität in Begriffe zu fassen. Doch bereits die Bezeichnung *„Person“* hat ihre Grenzen, weil nach unserer menschlichen Erfahrung jede Person gegen eine andere abgegrenzt ist und niemals das Leben anderer lebt. Die griechisch sprechenden Kirchenväter sprachen von unterschiedlichen *„Seinsweisen"* bei gleichem *„Wesen"* von Vater, Sohn und Geist. Letztlich geht es bei der Dreieinigkeit nicht um die richtige Definition, sondern um eine Dynamik in Gott selbst. Der Reformator Philipp Melanchton (1497–1560) betonte, dass man *„die Geheimnisse der Gottheit"* nicht durch Forschung ergründen kann, sondern sie anbeten sollte. Und Martin Luther (1483–1546) formuliert kurz und bündig: *„Ich höre, dass ein Gott ist und drei Personen. Wie das zugeht, das weiß ich nicht. Ich will glauben."*

Gott ist in sich Gemeinschaft

Hilfreich ist ein Begriff aus der alten Kirche, der an eine „göttliche Wohngemeinschaft" denken lässt: *„Perichorese"*. Das Wort stammt aus dem Griechischen und meint ein gegenseitiges *„Durchwandern"*, eine völlige gegenseitige Durchdringung. Um diesem Geheimnis auf die Spur zu kommen, kann man sich auch einen wunderschönen Tanz vorstellen, bei dem die Partner ein Ganzes bilden, dabei jedoch unterscheidbar bleiben und nicht ineinander *„verschmelzen"*.

Festgehalten haben die Väter der Kirche, dass es zwischen Vater, Sohn und Geist immer um eine unbeschreibliche Harmonie geht. So wurde der Heilige Geist vom Kirchenvater Augustinus (354–430) als das *„Band der Liebe"* bezeichnet. *„Wo es die Liebe gibt, gibt es eine Dreifaltigkeit: einen Liebenden, einen Geliebten und eine Quelle der Liebe."* Für uns ist die Lehre vom dreieinigen Gott deshalb so wichtig, weil Gott „in sich selbst Gemeinschaft" ist und uns in diese Gemeinschaft, in einen unsichtbaren Raum unendlicher Liebe, hineinnehmen will.

> *„Beten wir jeden Tag zum Heiligen Geist, so wird der Heilige Geist uns Christus näherbringen."*
> (Papst Franziskus bei seiner Generalaudienz in Rom, Mai 2013).

2

WAS BEWIRKT DER HEILIGE GEIST?

2.1 WIE VIEL ERFAHRUNG BRAUCHEN WIR?

VORBEMERKUNG

Die folgenden einleitenden Gedanken stehen über Kapitel 2 und 3 dieses Kurses. Kursleiter/innen können sie aus Zeitgründen auch weglassen oder auf wenige „Federstriche" kürzen. Die Voraussetzungen bei den Teilnehmern sind dabei ausschlaggebend.

Wir alle machen vom ersten bis zum letzten Atemzug unsere **Erfahrungen**: schöne und schreckliche, prägende und flüchtige. Darunter sind solche, die wir bewusst oder unbewusst weitergeben. Viele Erfahrungen machen wir zuerst, bevor wir sie reflektieren oder in Worte fassen können: z. B. Geborgenheit im Mutterleib; Nähe auf den Armen von Mutter oder Vater; der Sprung vom Ein-Meter-Brett; die erste Liebe und der erste Kuss; die bestandene Fahrprüfung; die Geburt eines Kindes. Einschneidende Erfahrungen, die mit Versagen, Brüchen, Krankheit, Abschied oder Tod von geliebten Menschen zu tun haben, können wir erst im Nachhinein verarbeiten. Erfahrungen prägen unser Leben in dem Maß, wie **Gefühle** mit ihnen verbunden sind: Nähe, Mut, Vertrauen, Begeisterung, Einsamkeit, Schmerz ... Das gilt auch für die geistliche Dimension.

Hier stellt sich die Frage: Sind Erfahrungen mit dem Heiligen Geist erstrebenswert? Lassen sie sich produzieren oder gar vorhersagen? Viele Christen sind hier skeptisch: Sind Erlebnisse mit Gott nicht etwas sehr Subjektives und auch Privates? Vor allem: Welchen Stellenwert haben Gefühle in unserem Glaubensleben?

Zeitgeist – oder abstoßende Beispiele?

Es gibt gute theologische und psychologische Gründe, kritische Fragen an unsere Eventkultur zu richten. Angebote müssen „sinnlich" und zum „Wohlfühlen" sein, sonst werden sie nicht abgerufen. Damit wird der Konkurrenzkampf um die Aufmerksamkeit immer anstrengender. Allerdings hat der postmoderne Mensch auch ein feines Empfinden, ob etwas echt ist oder nicht. Die Koordinaten in unserer Erlebnis-Gesellschaft haben sich inzwischen grundlegend verschoben. Die Frage nach objektiver Wahrheit wird zunehmend von der Macht subjektiver

Empfindungen verdrängt: Was mir gut tut, kann nicht falsch sein! Für unser Thema stellt sich die Frage: Ist die Einladung zum „Leben im Heiligen Geist“ und die Ermutigung zu geistlicher Erfahrung ein Zugeständnis an den Zeitgeist?

Unabhängig von Zeitströmungen gibt es beim Thema „Heiliger Geist“ typische Abwehrmechanismen, die mit abstoßenden Beispielen zu tun haben, die allerdings auch in Prägungen unserer Persönlichkeit begründet sein können:

- Manche Christen sind so auf ihre Erlebnisse mit dem Heiligen Geist fokussiert, dass sie damit andere unter Druck setzen, deren Art zu glauben abwerten oder elitäres Verhalten entwickeln. Wo Erfahrungen mit dem Heiligen Geist und **menschliche Unreife** zusammentreffen, kann das Thema leicht in Verruf geraten und im schlimmsten Fall zum „Sprengsatz“ werden.
- Manche „geisterfüllten“ Christen zeigen ihre Freude und Begeisterung stark emotional (oder für Außenstehende „enthusiastisch“). Wer aus einer anderen **Frömmigkeitstradition** kommt oder wen starke Gefühlsäußerungen eher befremden, kann hier leicht Anstoß nehmen und solche Menschen innerlich ablehnen.

Wichtig ist im Blick auf eigene Erfahrungen mit dem Heiligen Geist: Er wirkt nicht nur, *„wie er will“* (1 Kor 12,11 | LUT), er weiß auch um ein *„Maß des Glaubens“*, das uns entspricht (Röm 12,3 | LUT). Der Geist wird niemals unsere Persönlichkeitsstruktur ignorieren oder uns überfordern. Gewiss: Er kann überwältigend wirken und unseren Erfahrungshorizont sprengen – intellektuell und emotional. Aber diese Grenzerweiterung geschieht immer zu unserem Besten!

Worauf unser Glaube sich gründet

Thomas war einer der Jünger von Jesus, die es genau wissen wollten. Vom bloßen Hörensagen war er nicht bereit, an die Auferweckung Jesu von den Toten zu glauben. So forderte er seine eigene geistliche Erfahrung ein:

> *„Erst muss ich seine von den Nägeln durchbohrten Hände sehen; ich muss meinen Finger auf die durchbohrten Stellen und meine Hand in seine durchbohrte Seite legen. Vorher glaube ich es nicht“* (Joh 20,25).

Jesus hat mitgehört! Eine Woche später bekommt Thomas extra Besuch vom Auferstandenen. Er darf ihn sehen, betasten und sich selbst überzeugen. Wir lesen nichts von einer Grundsatzkritik an seiner skeptischen Haltung, allerdings die liebevolle Aufforderung: *„Sei nicht mehr ungläubig, sondern glaube!"* Diese Aufforderung richtet sich nun an alle kommenden Generationen, die Jesus nicht persönlich sehen konnten. Entsprechend fährt Jesus fort:

> *„Glücklich zu nennen sind die, die nicht sehen und trotzdem glauben. … Was hier berichtet ist, wurde aufgeschrieben, damit ihr glaubt, dass Jesus der Messias ist, der Sohn Gottes, und damit ihr durch den Glauben an ihn in seinem Namen das Leben habt"* (Joh 20,29–31).

Es ist richtig: Unser Glaube kann sich – wenn er belastbar bleiben will – nicht allein auf Erfahrungen gründen. Glaube baut auf die Treue Gottes und auf seine Zusagen, die alle Schwankungen unseres Lebens überdauern. Aber Glaubende machen Erfahrungen mit Gott. Diese Erlebnisse kann einem niemand nehmen. Durch sie wird Glaube reich. Dadurch wird er sprachfähig. Dadurch wirkt er auch überzeugend und ansteckend für andere.

Biblisches Denken: Erfahrung führt zur Erkenntnis

Die Bibel ist ein großes Erzählbuch. Das Denken in Begriffen und abstrakten Definitionen ist eher typisch für die griechische Philosophie. Im biblisch-hebräischen Denken hingegen führt der Weg zur **Erkenntnis** über die **Begegnung**. *„Und der Mensch* [Adam] *erkannte seine Frau Eva."* Natürlich ist damit gemeint, dass sie Geschlechtsverkehr hatten und ein Kind zeugten (1 Mose/Gen 4,1.25 | ELB). Doch das Wort hat einen tieferen Sinn: Nur, wer sich ganz auf sein Gegenüber einlässt, sich ihm öffnet und anvertraut, erkennt und „versteht" das Wesen der anderen Person. Mit demselben hebräischen Verb ruft der Prophet sein Volk Israel auf:

> *„Kommt, wir wollen den Willen des Herrn erkennen! Ja, lasst uns alles daransetzen, dass wir den Herrn erkennen!"* (Hos 6,3 | NLB).

Gott begegnete Mose in der Wüste in Form eines brennenden Feuers. Zum Zeichen kommt das Wort, die Deutung. Gott gibt seinen Namen preis: *„Ich bin, der ich bin."* Martin Buber übersetzt *„Ich werde dasein, als der ich dasein werde"* und gibt den geheimnisvollen Gottesnamen IHWH (Jahwe) mit *„ICH BIN DA"* wieder. Mose bekommt von Gott einen **Auftrag**. Nun beginnt ein spannender Weg des Glaubens, für den es keine Absicherung gibt, außer der Zusage: *„Ich werde ja mit dir sein"* (2 Mose/Ex 3,1–15 | ELB). Israel kann Gott nur in dem Maß erkennen, wie es ihn erlebt. Die Urerfahrung der Befreiung aus der Sklaverei in Ägypten wird zum Schlüssel der Gotteserkenntnis – und zum Anlass, die Güte Gottes Jahr für Jahr beim Passafest zu feiern.

Später möchte Mose mehr von „Gottes Herrlichkeit“ sehen. Diese Sehnsucht nach einem „Mehr“ von Gott ist sicherlich ein gutes Zeichen, jedenfalls wird Mose dafür nicht kritisiert. Gott verabredet sich mit ihm an einem bestimmten Ort und redet persönlich mit ihm, *„wie einer, der mit seinem Freund redet“*:

> *„Wenn ich dann in meiner Herrlichkeit vorüberziehe, werde ich dich in die Felsspalte stellen und meine Hand schützend über dich halten, bis ich vorübergegangen bin. Dann will ich meine Hand wegnehmen und du wirst mir hinterher sehen. Mein Gesicht aber kann niemand sehen“*
> (2 Mose/Ex 33,11.22–23 | NLB).

Erst durch Jesus können wir Gott gleichsam „in die Augen blicken“. Aber Gott kommt schon Mose so nahe, wie er es ertragen kann. Für uns gilt: Gott bietet uns **Räume** an, in denen er uns begegnen möchte. Wir müssen diese allerdings aufsuchen. Wie Gott dann an uns handelt, ist seiner Souveränität überlassen. Wir können ihm letztlich immer nur „hinterher sehen“ und dann versuchen, Begriffe oder Bilder dafür zu finden, um der Erfahrung einen „Namen“ zu geben (vgl. 1 Mose/Gen 16,13–14).

> „Das göttliche Geheimnis erschließt sich nicht durch menschliche Logik, sondern durch Offenbarung im Herzen. Das alte Wort dafür: Erleuchtung. Ein schönes Bild. Licht fällt in einen dunklen Raum. Das Licht ist der Heilige Geist. Der dunkle Raum ist das menschliche Herz.“

Alexander Garth, Untergehen oder umkehren (2021)

PERSÖNLICH ERLEBT

Gott kennt mich und war immer schon da!

Nach jahrelangem Suchen nach dem Sinn des Lebens in Philosophie und östlichen Weisheiten hatte ich endlich zu Gott gefunden. Aber in meinem Umfeld gab es keine Christen und keine geeignete Gemeinde. Wo war Gott? Und warum hatte er mir nicht schon vor Jahren aus meinen schwierigen Umständen herausgeholfen?

Man erzählte mir von einer Gruppe, die „Hörendes Gebet" anbietet, aber ich fürchtete mich davor: Gott würde mir da sicher meine ganzen früheren Fehler und verpassten Chancen um die Ohren hauen; noch dazu vor einer Gruppe fremder Menschen! Schließlich wagte ich doch, dieses Angebot einmal auszuprobieren – und war von Anfang an überrascht: fünf freundliche Menschen, die sich Zeit für mich nahmen und kein Geld dafür wollten! Nach einigen Minuten stillen Gebets erzählten sie mir von ihren Gebetseindrücken (für mich). Einer der Beter hatte immer wieder ein Wort gehört, mit dem er gar nichts anfangen konnte. Doch ich staunte: Dieses Wort war der Spitzname, den ich mir auf einer christlichen Internetplattform während meiner Suche nach Gott gegeben hatte!

Dann folgten Bilder der anderen Beter: Jedes einzelne beschrieb präzise einen Bereich in meinem Leben, in dem ich mich einsam und verloren gefühlt hatte. Weil das aber niemand außer mir wissen konnte, war mir nun ganz tief klar: Gott kennt mich und er war die ganze Zeit an meiner Seite gewesen.

Carsten

2.2 BILDER FÜR DEN HEILIGEN GEIST

VORBEMERKUNG

Dieser Abschnitt kann aus Zeitgründen auch entfallen. Andererseits eignet er sich auch für eine eigene thematische Einheit, sofern dieser Kurs sich über mehrere Abende erstreckt und in mehreren kleineren Abschnitten angeboten werden soll.

Bilder sagen oft mehr als Begriffe. Deshalb suchen wir für die Darstellung von Themen gerne passende Grafiken und schöne Bilder. Die Werbung setzt auf visuelle Eindrücke, und wir erleben den zunehmenden Einfluss von YouTube-Videos auf die Meinungsbildung. Jesus lebte in einer anderen Zeit, hat aber zeitgemäße Formen der Visualisierung gebraucht. Um das (noch) nicht sichtbare und nicht „fassbare" Reich Gottes verständlich zu machen, erzählte er Gleichnisse, also Beispielgeschichten aus dem Alltag. Damit erschlossen sich vielen Hörern die *„Geheimnisse des Himmelreichs"*, anderen bleiben sie verschlossen (Mt 13,10–12.34).

Auch die Realität des Heiligen Geistes können wir besser in Bildern als in Begriffen erfassen. Im Folgenden lernen wir eine Reihe von Bildern kennen, die sich durch das Alte und Neue Testament ziehen. Sie entstammen verschiedenen Lebenswelten und zeigen verschiedene Facetten vom Wirken des Geistes. Sie alle haben einen physischen Aspekt und verdeutlichen dadurch, dass der Geist ganzheitlich wirken will, nicht nur „geistig". Er spricht uns Menschen auf unterschiedliche Weise an – dafür stehen diese Bilder.

1. Wind

Die Grundbedeutung von *„Geist"* in den Ursprachen der Bibel haben wir bereits kennengelernt: Es geht jeweils um den *„Atem"* des Lebens, um *„Wind"* und Energie. An heißen Tagen wirkt ein Luftzug angenehm kühlend, aber Stürme signalisieren auch einen Wetterumschwung und können zu massiven Schäden führen.

Beide Aspekte des Heiligen Geistes sollten wir im Blick behalten: Er ist für uns die sanfte, angenehme „Luftzufuhr" von Gott. **Er kommt** aber auch **als verändernde Kraft**, die an Bestehendem rüttelt, totes Holz wegreißt. Wilhelm Stählin

(1883–1975), in der Nachkriegszeit Bischof der Evangelischen Landeskirche in Oldenburg, sprach einmal davon, dass der Heilige Geist auch ein *„unbequemer Gast"* sein kann, der uns verunsichert:

> *„Wer an den Heiligen Geist als die schöpferische Aktivität Gottes glaubt …, der muss wissen, dass er damit die göttliche Störung herbeiruft, dass Gott ihn stört in seinem Besitz, in seinen Gewohnheiten, auch Denkgewohnheiten … Wer also bittet: ‚Komm, Heiliger Geist', muss auch bereit sein zu bitten: ‚Komm und störe mich, wo ich gestört werden muss'!"*

Der Prophet Elia suchte eine neue Begegnung mit Gott, als er am Ende seiner Kräfte war. Während der Gott Israels an ihm „vorübergeht", kommt es zu einem gewaltigen Sturm, die Erde bebt und Feuer lodert auf … Doch in all dem *„war der HERR nicht. Nach dem Feuer aber kam das Flüstern eines sanften Windhauchs"* (1 Kön 19,12 | ZB). Elia erlebt inmitten seiner Frustration, wie Gott ihn direkt und ganz persönlich anspricht. Auch dieser Aspekt des Heiligen Geistes ist für uns wichtig: **Gottes Gegenwart kommt oft ganz sanft**, geradezu zärtlich. Manchmal gleicht das Reden des Geistes einem „Flüstern". Wir müssen nur lernen, darauf zu achten!

2. Wasser

In einem heißen Sommer oder im Wüstenklima lernen wir auf besondere Weise, Wasser als kostbares Gut zu schätzen: Es ist Leben, es ermöglicht Leben! So wird schon dem Volk Israel die Zusage gegeben: *„Ihr werdet mit Freuden Wasser schöpfen aus den Quellen seines Heils"* (Jes 12,3 | NLB). Gott selbst möchte in jeder Hinsicht für uns die *„Quelle des Lebens"* sein und unseren Durst stillen (Ps 36,10 | NLB; 87,7). Bereits im Alten Testament wird das frische Wasser als Bild für den Heiligen Geist gebraucht (vgl. Neh 9,20):

> *„Ich werde Wasser auf Durstige ausschütten und das trockene Land mit Bächen bewässern. Ich werde meinen Geist auf deine Nachkommen und meinen Segen über deinen Kindern ausgießen"* (Jes 44,3 | NLB).

Dass die Ausgießung des Heiligen Geistes ein „Generationenprojekt" ist und Gott uns zugleich mit unseren Nachkommen segnen will, bestätigt Petrus später bei seiner programmatischen Rede an Pfingsten (Apg 2,39; Joel 3,1; Jes 59,21). Es geht bei allen Erfahrungen mit dem Heiligen Geist um **Bewässerung**, allerdings nicht nur für uns selbst: Der Segen Gottes soll durch uns auf andere Menschen überfließen. Jesus greift dieses Bild auf und verspricht **Versorgung** durch eine innere, verborgene „Quelle“:

> *„Wer aber von dem Wasser trinkt, das ich ihm geben werde, wird niemals mehr durstig sein. Das Wasser, das ich ihm gebe, wird in ihm zu einer Quelle werden, die unaufhörlich fließt, bis ins ewige Leben“* (Joh 4,14).

Der Kirchenvater Cyrill von Jerusalem (313–386) sprach vom Heiligen Geist als einem *„sprudelnden Wasser von neuer Art“*.

Wasser hat ferner eine säubernde Wirkung. Jeden Morgen waschen oder duschen wir uns. Dieser Aspekt der **Reinigung** erinnert auch an die Taufe, in der uns Vergebung zugesprochen wird und unsere Zugehörigkeit zu Christus besiegelt wird (Eph 5,26; vgl. Ez 36,25).

3. Feuer

Wieso sprach Johannes davon, dass Jesus *„mit dem Heiligen Geist und mit Feuer taufen“* werde (Lk 3,16)? Feuer wärmt und bringt Energie mit sich. Man braucht es zum Heizen, zum Backen und Kochen. Es steckt in jedem Antrieb (Motor oder Düse). Man macht es sich gemütlich am Kamin und spürt behagliche **Wärme**.

Feuer ist immer zugleich Licht, dient also auch der **Orientierung**. Während ihrer Wanderung durch die Wüste hatten die Israeliten als Zeichen der Gegenwart Gottes nachts eine „Feuersäule“ vor Augen (2 Mose/Ex 13,21–22). Der Heilige Geist bewirkt, dass uns in der Gegenwart Gottes „warm wird“ und wir uns wohlfühlen. Und er möchte, dass wir Klarheit gewinnen.

Feuer hat aber auch zerstörende Wirkung und ist in der Bibel ein Bild für Gottes **Gericht**: Alles, was vor Gott nicht bestehen kann, wird am Ende vergehen (vgl. Mt 3,10; 7,19; 25,41). Auch unser Leben wird sich einer Art „Feuerprobe“ stellen müssen, damit sich zeigt, was in unserem Leben echt ist (1 Kor 3,14–15).

Ein weiterer Aspekt von Feuer ist die „Läuterung“, also die Veredelung von Metallen. Mit diesem Bild wird ein Prozess der **Bewährung** beschrieben, den Gott seinen Leuten zumutet. Unser Glaube soll durch alle Prüfungen hindurch belastbar werden, *„kostbarer als Gold“* (Mal 3,2–3; 1 Pt 1,6–7).

Feuer ist in der Bibel schließlich ein Zeichen für Gottes Präsenz und **Heiligkeit** (vgl. Ps 50,3). So zeigte er sich seinem Volk Israel am Berg Sinai (2 Mose/Ex 19,18; 24,17). So erlebten ihn die Jesusjünger am Pfingsttag (Apg 2,3). Und so sah Johannes den auferstandenen Jesus: *„Seine Augen glichen lodernden Flammen“* (Offb 1,14). Der Hebräerbrief erinnert uns an diesen für uns ungewohnten Aspekt: *„Unser Gott ist wie ein Feuer, das alles verzehrt“* (Heb 12,29).

4. Öl

Im Alten Testament wurden Könige durch „Salbung“ in ihr Amt eingesetzt. Damit ist bei Saul und David, den ersten Königen Israels, eine intensive Erfahrung mit Gottes Geist verbunden (1 Sam 10,1–12; 16,13). Ebenso wurden Priester „gesalbt“ und für ihren Dienst **von Gott autorisiert** (2 Mose/Ex 29,7; 30,30–32; 1 Chr 29,22). So kommt es zum Begriff des *„Gesalbten“* (hebräisch *maschiach*, im Deutschen *„Messias“*). Die Könige Israels trugen diesen Titel in gewisser Hinsicht unter Vorbehalt (1 Sam 24,11; Dan 9,25–26; Sach 4,12–14), denn sie alle blieben fehlerhafte Leiter. Die Sehnsucht nach einem Messias, der endgültig Gerechtigkeit bringt, kommt erst in Jesus ans Ziel:

> *„Wir haben den Messias gefunden!“*, berichtete Andreas seinem Bruder Simon. Johannes übersetzt für nichtjüdische Leser: *„‚Messias‘ ist das griechische Wort für ‚Christus‘“* (Joh 1,41).

Erstaunlich genug: Auch wir Christen gelten als „Gesalbte“. Gott schenkt uns denselben Heiligen Geist, der schon auf Jesus ruhte (vgl. Jes 42,1; 61,1; Lk 4,18; Apg 10,38; 11,26). Deshalb schreibt Johannes:

> *„Der Heilige Geist, mit dem Christus euch gesalbt hat, ist in euch und bleibt in euch. ... Darum bleibt in Christus, wie Gottes Geist es euch gelehrt hat!“* (1 Joh 2,20.27).

Es geht beim Öl also um Gottes Bestätigung auf unserem Leben. Darüber hinaus hat Öl noch **weitere Aspekte**, die ebenfalls mit dem Heiligen Geist zu tun haben:

- Öl hat heilende Wirkung und lindert Schmerzen (Jes 1,6; Lk 10,34).
- Öl ist ein Ausdruck für Gottes Versorgung (2 Kön 4,3–6).
- Öl gilt als Zeichen von Gastfreundschaft und Großzügigkeit (Ps 23,5; Lk 7,38).
- Öl ist Träger von Duftstoffen und steht für Lebensfreude (Ps 45,8; Jes 61,3).

5. *Siegel*

Siegel begegnen uns heute nur noch in historischer Hinsicht, z. B. in Ausstellungen. Durch ein Siegel wurden in früheren Jahrhunderten Dokumente fälschungssicher gemacht und als **echt** bestätigt. Heute schützen wir unsere Passwörter, verschlüsseln E-Mails und setzen auf Cyber-Sicherheit. Manche Menschen tragen auch einen Siegelring und drücken damit aus, dass sie einer bestimmten Familientradition angehören. So steht das Siegel auch in der Bibel für ein **Eigentumsverhältnis**:

- Gott hat sich bestimmte Menschen erwählt, die er *„wie einen Siegelring"* bei sich trägt (Hag 2,23).
- Im Buch der Offenbarung wird uns gezeigt, dass Gott seine *„Diener"* schützt, indem er ihnen *„sein Siegel auf die Stirn drückt"* (Offb 7,3–7).

Mit dem Bild vom Siegel wird das Wirken des Heiligen Geistes veranschaulicht, der unserem Leben ein **neues Vorzeichen** gibt: Wir gehören durch Christus zu Gott. Wir sind sein Eigentum und tragen dadurch etwas „Fälschungssicheres" in uns:

> *„Tut nichts, was Gottes heiligen Geist traurig macht! Denn der Heilige Geist ist das Siegel, das Gott euch im Hinblick auf den Tag der Erlösung aufgedrückt hat"* (Eph 4,30).

An diesem Vers wird zugleich deutlich, dass der Heilige Geist eine Person ist, die Gefühle hat. Unsere Beziehung zu ihm ist etwas sehr Kostbares, darum sollten wir sie schützen. Schließlich ist das Siegel ein Ausdruck von **Autorität**. Josef bekam für seine neue Aufgabe in Ägypten den *„Siegelring"* des Pharao überreicht (1 Mose/Gen 41,42). Wir haben durch unsere Beziehung zu Christus auch Autorität bekommen, die sich vor allem im Gebet ausdrückt. Der Heilige Geist gibt uns „Anschluss" an die himmlische Welt und zugleich eine begründete Hoffnung:

> *„So drückte er uns sein Siegel auf, wir sind sein Eigentum geworden. Das Geschenk des Geistes in unseren Herzen ist Gottes sicheres Pfand für das, was er uns noch schenken wird"* (2 Kor 1,22 | HFA; vgl. Eph 1,13–14).

6. *Taube*

Am bekanntesten ist das Bild der Taube, das in vielen Darstellungen für den Heiligen Geist verwendet wird. In den ersten Kapiteln der Bibel begegnet uns bereits die Taube nach der verheerenden Sintflut. Gott schenkt der Erde einen Neuanfang. Der *„frische Ölzweig"* im Schnabel und der Regenbogen stehen für Gottes Treue und seinen Friedensschluss mit der Menschheit (1 Mose/Gen 8,8–12; 9,12–17).

Die Taube ist seit Jahrtausenden auch eine beliebte Briefträgerin und wurde sogar zu militärischen Zwecken eingesetzt. Als Brieftaube findet sie über Hunderte von Kilometern sicher ihren Weg zurück nach Hause und fasziniert die Wissenschaft durch ihre „eingebaute Navigation" (Ps 55,7).

Schließlich ist „Taube" oder „Täubchen" eine zärtliche Bezeichnung für Liebende. Ihre Augen gelten in der Poesie Israels als Ausdruck von Schönheit und Reinheit (Hld 1,15; 2,14; 5,2). Dazu passt die Beobachtung, dass Tauben gerne paarweise fliegen und ein Leben lang einander treu sind.

Diese Symbolik mag im Hintergrund stehen, wenn es in allen vier Evangelien heißt, dass Jesus *„den Geist Gottes wie eine Taube auf sich herabkommen"* sah. Lukas berichtet sogar vom Heiligen Geist *„in leiblicher Gestalt"* (Mt 3,16; Lk 3,22). Entscheidend an diesem Bild ist für uns Folgendes: Der Heilige Geist möchte unser Partner werden, so wie Jesus es selbst erlebt hat. Er navigiert uns über unbekanntes Gelände und führt uns sicher nach Hause. Er ist der Liebende, der sich mit uns verbindet.

PERSÖNLICHE STILLE ODER AUSTAUSCH ZU ZWEIT

- Welches dieser Bilder spricht mich besonders an?
- Gibt es in meinem Leben „Spuren Gottes“, die ich als Erfahrungen mit dem Heiligen Geist bezeichnen würde? Mit welchem dieser Bilder lassen sich diese Erfahrungen am besten beschreiben?

2.3 DAS HERZSTÜCK GEISTLICHER ERFAHRUNG

Noch bevor der Heilige Geist im Alten Testament ausdrücklich erscheint, gibt Gott seinem Volk Israel eine großartige Zusage:

> *„Ich will mitten unter euch wohnen und mich nicht mehr … abwenden. Ich will mitten unter euch leben; ich will euer Gott sein und ihr sollt mein Volk sein"* (3 Mose/Lev 26,11–12 | NLB).

In diesen Sätzen stecken ein Angebot und eine Vereinbarung zugleich. Bibelwissenschaftler sprechen von der „Bundesformel", die sich wie ein roter Faden durch die gesamte Bibel zieht (insgesamt 37-mal): Gott beruft sich inmitten der Völkerwelt ein Volk als sein *„besonderes Eigentum"* (2 Mose/Ex 19,5). Und er verspricht: *„Ich will in ihrer Mitte wohnen …"* (2 Kor 6,16; vgl. Jer 7,23; Ez 14,11; Offb 21,3). Hier haben wir die kürzeste Definition für die besondere Rolle Israels. Die Propheten sprechen sogar davon, dass Gott sich in sein Volk Israel verliebt hat (Jes 62,4–5). Letztlich kommt darin Gottes Herzenswunsch zum Ausdruck, uns Menschen möglichst nah zu sein. Von Augustinus (354–430) stammt das Zitat: *„Die Sehnsucht Gottes ist der Mensch."* Dieser Wunsch ist jedoch älter als die Geschichte Israels und geht über sie hinaus:

Gott kommt uns so nahe wie möglich

- Bereits die ersten Menschen hörten, *„wie Gott, der Herr, im Garten umherging"*. Doch sie versteckten sich! Der Schöpfer suchte also von Anfang an unsere Nähe (1 Mose/Gen 3,8).
- Während der Wüstenwanderung bekam Mose von Gott den Auftrag, ihm ein Zelt zu errichten, *„denn ich will bei ihnen wohnen"*. In dieser wenige Quadratmeter großen „Stiftshütte" erlebte Mose besondere Zeiten der Begegnung mit Gott (2 Mose/Ex 25,8).
- Salomo bekam die Erlaubnis, einen Tempel zu bauen *„für den Namen des Herrn"*. Gott gab ihm die Zusage, er würde dort seinem Volk Israel begegnen (1 Kön 5,17–19; 8,16–21; 9,3).
- Schließlich wird von Jesus gesagt: *„Das Wort wurde Mensch und lebte unter uns."* Wörtlich heißt es *„und zeltete unter uns"*, womit an die Stiftshütte erinnert wird (Joh 1,14.18).

Im Alten wie im Neuen Testament wird immer wieder die erstaunte Rückfrage gestellt: *„Doch wirst du, Gott, wirklich auf der Erde wohnen?“* (1 Kön 8,27; Apg 7,49 | jeweils HFA). Nein: Gott legt sich nicht auf Gebäude oder heilige Stätten fest. Er zielt auf unser Herz ab. Und hier kommt der Heilige Geist ins Spiel: Der bevorzugte „Wohnort“ Gottes auf dieser Erde ist das menschliche Herz; doch dies muss erst einmal gewonnen werden und sich für Gott öffnen. Es muss „erneuert“ werden, und zwar durch den Einfluss des Heiligen Geistes.

„Begreifen kann ich es nicht, wie man sagen kann, der Heilige Geist sei da, ohne dass man zu sagen weiß, wo …“

Johann Christoph Blumhardt (1805-1880)

PERSÖNLICH ERLEBT

Sehnsucht nach einer lebendigen Beziehung zu Gott

Ich hatte das Theologiestudium begonnen, um Gott näher zu kommen. Spätestens nach einem Semester war mir klar, dass Theologie und Glaube zwei unterschiedliche Kategorien sind. Meine Suche nach einem persönlichen Glauben blieb aber sowohl im Studium als auch außerhalb vergeblich. Schließlich wurde mir klar, dass ich so nicht Pfarrerin werden durfte und wollte. Ich würde das Studium abbrechen.

In diesem Moment hörte ich in meinem Herzen ein klares Reden Gottes mit großer Autorität: „Deine Beziehung zu mir ist mein Problem, nicht deines! Du machst mit diesem Studium weiter!" Dass dieser Eindruck von Gott kam, daran hatte ich keinen Zweifel. So blieb ich dabei und lernte ein halbes Jahr später Menschen kennen, die mich mit dem Heiligen Geist bekannt machten. Endlich fand ich in eine lebendige Beziehung zu Gott, nach der ich mich jahrelang gesehnt hatte.

Ursula Schmidt

„Neuer Bund" – „neue Herzen"

Die Geschichte Israels ist ein einziges Auf und Ab, letztlich ein Spiegelbild unserer menschlichen Unfähigkeit, Gott richtig zu verstehen und ihm angemessen zu begegnen. Genau hier setzt die großartige Vision der Propheten an: **Gott selbst wird die Herzen erneuern**. Er wird uns Menschen in die Lage versetzen, ihn zu erkennen:

> *„Ich gebe ihnen ein verständiges Herz, damit sie erkennen, dass ich der HERR bin. Sie werden mein Volk sein, und ich werde ihr Gott sein; von ganzem Herzen werden sie wieder zu mir umkehren"* (Jer 24,7).

Noch umfassender wird diese Zusage beim Propheten Jeremia im Zusammenhang mit der Erwartung, dass Gott mit Israel einen *„neuen Bund"* schließen wird. Er wird *„ganz anders aussehen"* als der erste Bund am Berg Sinai, als Gott seinem Volk die Zehn Gebote gab:

> *„Ich schreibe mein Gesetz in ihr Herz, es soll ihr ganzes Denken und Handeln bestimmen. Ich werde ihr Gott sein, und sie werden mein Volk sein. Niemand muss dann den anderen noch belehren, keiner braucht seinem Bruder mehr zu sagen: ‚Erkenne doch den HERRN!' Denn alle – vom Kleinsten bis zum Größten – werden erkennen, wer ich bin. Ich vergebe ihnen ihre Schuld und denke nicht mehr an ihre Sünden. Mein Wort gilt!"* (Jer 31,31–34 | jeweils HFA).

Jesus greift diese Vision auf, während er mit seinen Jüngern das Abendmahl teilt: *„Dieser Becher ist der neue Bund, besiegelt mit meinem Blut, das für euch vergossen wird"* (Lk 22,20). **Der Neue Bund** tritt mit dem Opfertod von Jesus in Kraft und **hat folgende Aspekte**:

- Gott nimmt uns in seine Familie auf: Durch Jesus umfasst sie nun Juden wie Nicht-Juden.
- Gott vergibt uns bedingungslos: Wir sind nicht länger durch Schuld von ihm getrennt.
- Gott erneuert unser Herz: Wir werden fähig, ihn ohne Vorbedingungen zu erkennen.
- Gott verspricht, die Schöpfung zu erhalten und seinem Volk Israel treu zu bleiben (vgl. Jer 31,35-36).

Herz und/oder Geist – ein neues „Betriebssystem"

> *„Dann gieße ich reines Wasser über euch aus, und ihr werdet rein sein. … Und ich werde euch ein neues Herz geben und euch einen neuen Geist schenken. Ich werde das Herz aus Stein aus eurem Körper nehmen und euch ein Herz aus Fleisch geben. Und ich werde euch meinen Geist geben, damit ihr nach meinem Gesetz lebt und meine Gebote bewahrt und euch danach richtet"* (Ez 36,25–27 | NLB; vgl. 11,19).

Diese Zusage beim Propheten Ezechiel geht noch ein Stück tiefer: Gott ist entschlossen, Herz und Geist zu erneuern (vgl. Ez 18,31). Er greift als himmlischer Herzspezialist ein und kreiert eine neue Qualität von Herz, das endlich in der Lage ist, Gottes Willen zu tun. Damit entmündigt uns der Schöpfer nicht; vielmehr schafft er selbst die Voraussetzungen in uns, dass wir ein Leben zu seiner Ehre führen können. Er zwingt uns nicht, vielmehr gibt er uns so etwas wie ein neues Betriebssystem, damit all die schönen Programme endlich richtig laufen und nicht mehr „abstürzen" – um es einmal in die Sprache der digitalen Welt zu übertragen.

- „Herz" und „Geist" sind im Alten Testament teilweise austauschbare Begriffe bzw. haben verwandte Funktionen (vgl. 2 Mose/Ex 35,21; Ps 34,19; 51,12.19; 78,8; Jes 57,15).

- So betet David, als er durch eigene Schuld am Nullpunkt war: *„Erschaffe mir, o Gott, ein reines Herz, und gib mir von Neuem einen festen Geist in meinem Innern!"* (Ps 51,12 | SLT).

- Paulus spricht im Neuen Testament vom *„inneren Menschen"* und betet, *„dass Christus durch den Glauben in euren Herzen wohne"* (Eph 3,16–17| SLT).

Gottes Geist macht es möglich, **dass Gott selbst in uns wohnen kann**. Er verwandelt unser Herz und richtet es neu auf Gott hin aus, sodass wir ihn erkennen und seinen Willen lieb gewinnen können. Paulus beschreibt dieses neue Paradigma folgendermaßen:

> *„Unverkennbar seid ihr ein Brief Christi, ausgefertigt durch unseren Dienst, geschrieben nicht mit Tinte, sondern mit dem Geist des lebendigen Gottes, nicht auf Tafeln aus Stein, sondern – wie auf Tafeln – in Herzen von Fleisch. … Er hat uns fähig gemacht, Diener des Neuen Bundes zu sein, nicht des Buchstabens, sondern des Geistes. Denn der Buchstabe tötet, der Geist aber macht lebendig"* (2 Kor 3,3.6 | EÜ).

Als religiöser Jude wollte Paulus damit keinesfalls die Tora, die schriftliche Weisung Gottes abwerten. Aber er war überzeugt, dass es durch den Neuen Bund eine neue Qualität der Beziehung zu Gott gibt: Gottes Wort soll uns Menschen nicht ein Gegenüber in schriftlicher Form bleiben, sondern durch Gottes Geist in uns leben. Die Bibel kann für uns ein Buch unter vielen anderen bleiben. Durch Gottes Geist wird Gottes Wort jedoch lebendig. Der Heilige Geist befähigt uns, Gottes Wort in uns zu tragen und unsere Herzen davon bestimmen zu lassen. Jesus hatte vom Heiligen Geist angekündigt: *„[Er] wird euch alles lehren und euch an alles erinnern, was ich euch gesagt habe"* (Joh 14,26 | EÜ; vgl. Mk 13,11).

2.4 GOTTES LIEBE: FUNDAMENT UNSERES LEBENS

Augustinus bezeichnete den Heiligen Geist auch als *„Band der Liebe"* zwischen Gott dem Vater und seinem Sohn. Er ist das Verbindende, der Ausdruck ihrer gemeinsamen Liebe. So sagt Jesus einerseits, dass der Vater den Geist *„in meinem Namen senden wird"* (Joh 14,26). Andererseits sagt Paulus, dass Gott *„den Geist seines Sohnes in eure Herzen gesandt"* hat (Gal 4,6). Gottes Geist ist aber auch das „Band der Liebe" zwischen dem Herzschlag Gottes und unseren Herzen.

> *„Die Liebe Gottes ist ausgegossen in unsere Herzen durch den Heiligen Geist, der uns gegeben ist"* (Röm 5,5 | EÜ).

Durch den Heiligen Geist empfangen wir die Liebe des himmlischen Vaters, zugleich werden wir liebesfähig und lernen, als Kinder Gottes zu leben. So wie Jesus durch den Geist eine unmittelbare Beziehung zu Gott hatte, können auch wir dies erleben: *„Aus dem Himmel sprach eine Stimme: ‚Du bist mein geliebter Sohn, an dir habe ich Freude'"* (Lk 3,21–22). Jesus konnte den Liebesbeweis des Vaters im Himmel hören, weil er in die Beziehung zu ihm tief verwurzelt war und aus ihr heraus handelte.

Jesus sprach Gott als *„mein Vater“*, sogar als seinen *„Papa“* an (Joh 20,17; Mk 14,36). Dass uns Markus diese Szene aus dem Garten Gethsemane mit der hebräischen Gebetsanrede *Abba* überliefert hat, ist eine besondere Kostbarkeit: Kein Jude zur Zeit von Jesus hätte es gewagt, den heiligen Gott so anzusprechen. Doch Jesus ermöglicht diese „Familienbeziehung“ zu Gott auch für uns. Zusammenfassend gesagt:

- Der Heilige Geist geht gemeinsam vom Vater und vom Sohn aus.
- Der Heilige Geist bringt Gottes Liebe in unser Herz hinein.
- Der Geist ist das Band der Liebe zwischen Gottes und unserem Herzen.

„Ohne den Heiligen Geist
ist Gott fern,
bleibt Christus in der Vergangenheit,
ist das Evangelium totes Gesetz,
ist die Kirche nur eine Organisation,
Autorität im Tiefsten Herrschaft,
Mission letztlich Propaganda,
ist die Liturgie nicht mehr als ein Beschwören,
und das christliche Leben eine sklavische Moral.“

Ignatius IV., griechisch-orthodoxer Patriarch von Antiochia (1979-2012)

BIBELTEXT

Wir lesen gemeinsam: Römer 8,10–17

- Mit Jesus zu leben bedeutet zugleich, dass Gottes Geist in uns wohnt. Durch seine Auferstehung hat Jesus auch uns ein neues, ewiges Leben geschenkt (Röm 8,29–30).
- Durch die Beziehung zu Jesus sind wir Gottes *„Söhne und Töchter"* und gehören zu einer himmlischen Familie (vgl. Lk 10,20). Auch wir dürfen zu Gott vertrauensvoll *„Abba, Vater!"* sagen.
- Unser Lebensstil sollte dieser Beziehung entsprechen und immer mehr Gottes Familieneigenschaften annehmen. Paulus bezeichnet uns als *„Erben Gottes und Miterben mit Christus"*, das ist unsere Würde und Verantwortung zugleich.
- Gottes Geist schenkt uns die innere Gewissheit, dass wir von Gott angenommen und geliebt sind. Wörtlich heißt es: Er *„bezeugt zusammen mit unserem Geist, dass wir Kinder Gottes sind"* (ELB). Diese Gewissheit kommt nicht aus unserem Verstand (vgl. 1 Kor 2,10–12).
- Durch den Heiligen Geist verlieren wir Angst, Unsicherheit und Zweifel Gott gegenüber. Wir werden von Leistungsdruck und eigener Anstrengung befreit, weil Gott unsere Herzen *„mit der Gewissheit erfüllt, dass er uns liebt"* (Röm 5,5; vgl. Gal 4,6–7).

Eine einzigartige Würde

Unser Leben bekommt durch die Beziehung zu Gott als Vater eine einzigartige Würde. Dies gilt unabhängig von unserer Lebensleistung. Wir können Gott jedoch aus dem Blick verlieren und damit seine Gnade als Lebensgrundlage. Deshalb will uns Gottes Geist immer wieder an unsere besondere Position erinnern. Paulus hat für die Empfänger seiner Briefe gebetet:

> Gott, der Vater, *„gebe euch durch seinen Geist innere Kraft und Stärke.* [Es ist mein Gebet,] *dass Christus aufgrund des Glaubens in euren Herzen wohnt und dass euer Leben in der Liebe verwurzelt und auf das Fundament der Liebe gegründet ist. …* [Ich bete darum,] *dass ihr seine Liebe versteht, die doch weit über alles Verstehen hinausreicht, und dass ihr auf diese Weise mehr und mehr mit der ganzen Fülle des Lebens erfüllt werdet, das bei Gott zu finden ist“* (Eph 3,16–19).

„Stark werden am inneren Menschen“ (wörtlich übersetzt) geschieht in dem Maß, wie der Heilige Geist uns in der Tiefe erreicht. In seinem Gebet gebraucht Paulus zwei Bilder, die wir auch auf unser Leben anwenden können:

- Wir brauchen starke **Wurzeln**, wie ein gesunder Baum sie hat (vgl. Mt 7,18.20; 15,13; Ps 1,1–3; 92,13–14). Dieses Bild beschreibt eine gefestigte Persönlichkeit. Die Früchte am Baum sind die natürliche Folge seiner „Gesundheit“ und seiner guten Versorgung.
- Wir brauchen ein tiefes **Fundament**, wie ein solide gebautes Haus (vgl. Lk 6,47–49; 1 Kor 3,10–11). Dieses Bild steht für klare Überzeugungen. Sie bilden eine feste Grundlage, die auch Schwankungen im Leben aushält.

Je mehr Gottes Liebe unsere Gedanken und Gefühle erreicht und unseren Willen bestimmt, umso stärker werden wir in unserem Glaubensleben wachsen. Der Schlüssel dafür ist der Heilige Geist, der uns die Liebe des Vaters ins Herz legt. Er gibt uns innere Gewissheit:

> *„Seht doch, wie groß die Liebe ist, die uns der Vater erwiesen hat: Kinder Gottes dürfen wir uns nennen, und wir sind es tatsächlich! … Dass Gott in uns lebt, erkennen wir daran, dass er uns seinen Geist gegeben hat.“*
>
> Und *„woher wissen wir, dass wir in Gott leben und dass Gott in uns lebt? Wir erkennen es daran, dass er uns Anteil an seinem Geist gegeben hat“* (1 Joh 3,1.24; 4,13).

PERSÖNLICH ERLEBT

Neues Gottesbild – neues Selbstbild

Mein Gottesbild war das eines strengen, unnahbaren Gottes, der zuschlägt und weit weg ist. Mein Selbstbild war von der festen Überzeugung geprägt, als Mensch an sich, aber auch als Christ nicht gut genug, nicht fromm genug, nicht in Ordnung zu sein. Depressionen, Gefühle der Einsamkeit und des „Nicht-Dazugehörens“ machten mir das Leben schwer. Ich hatte es schwer mit mir selbst!

Bei einem Seminar „Hörendes Gebet“ hatte jemand in der Gebetsgruppe folgenden Impuls von Gott für mich: „Und wenn du der einzige Mensch auf Erden wärst, so wäre Jesus doch für dich ans Kreuz gegangen, so sehr liebt er dich!“ Der nächste Gebets-Eindruck war: „Er hat dich getragen, er trägt dich jetzt und er wird dich immer tragen; aber ab heute beginnt etwas ganz Neues für dich.“

Für mich persönlich waren das gewaltige Eindrücke. Ich hatte plötzlich die Gewissheit: Gott ist immer da, ich bin nicht allein und er liebt mich. Mich – er meint mich! Dieser große, unnahbare Gott war mir ein Stück näher gekommen. Seither hat sich mein Gottesbild verändert hin zum liebenden Vater, erst unmerklich, aber im Laufe der Jahre immer mehr.

Barbara Braun

Gott wirkt an uns und durch uns

Gott möchte durch seinen Heiligen Geist unser Leben von innen her umgestalten. Er will aber nicht nur *an uns*, sondern auch immer mehr *durch uns* wirken. In den folgenden Abschnitten wollen wir uns drei wichtige Aspekte seines Wirkens anschauen:

- **Der Geist verändert uns:** Er „heiligt" uns, gibt uns also Anteil an Gottes guten Wesenszügen. Diesen Aspekt beschreibt das Neue Testament mit der *„Frucht des Geistes"*.
- **Der Geist befähigt uns:** Er „begabt" Menschen auf vielfältige Weise. So werden wir ausgerüstet, um anderen effektiv zu dienen. Davon spricht das Neue Testament im Zusammenhang mit den *„Gaben des Geistes"*.

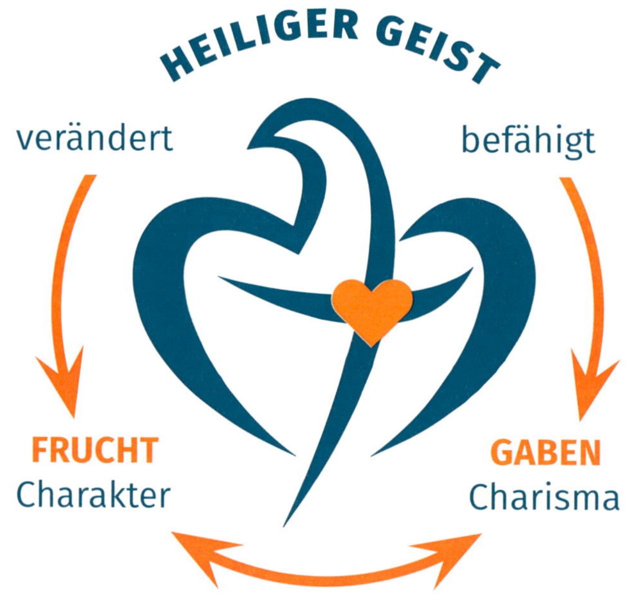

Beide Aspekte sind gleichwertig, wie die zwei Flügel der Taube. Beide tragen uns und bringen uns im Glauben voran. Dabei werden wir erleben, wie Gott *an* uns und *durch* uns wirkt! Beide Flügel zielen nämlich auf Bewegung, und das ist der dritte Aspekt:

- **Der Geist sendet uns:** Wir dürfen mitwirken an der Mission Gottes in dieser Welt:

  „So wie du mich in die Welt gesandt hast, habe ich auch sie in die Welt gesandt", betet Jesus am Abend des Abschieds von seinen Jüngern. Und nach seiner Auferstehung heißt es erneut: „Friede sei mit euch! ... Wie der Vater mich gesandt hat, so sende ich jetzt euch" (Joh 17,18; 20,21).

> „Solch ein Werk kann nur stattfinden, wo der Feuergeist der Strahl eines himmlischen Einflusses von Gott ist. All meinen Erfolg verdanke ich dem Feuergeist, den ich gleich zu Beginn meiner öffentlichen Karriere empfing, sowie dem Prinzip der Liebe, die sucht und nachgeht."

Friedrich August G. Tholuck (1799-1877)

> „Es ist mein Wunsch, dass sich eine pfingstliche Spiritualität in der Kirche ausbreite, die sich zeigt in neuem Eifer im Gebet, in der Heiligkeit, im Gemeinschaftsleben und in der Verkündigung."

Papst Johannes Paul II. (1920-2005)

2.5 FRUCHT DES GEISTES: GOTT VERÄNDERT UNS (ERSTER FLÜGEL)

Bereits im Alten Testament wird vom Messias gesagt, dass auf ihm *„der Geist des Herrn ruht“*. Hier wird das Wesen des Heiligen Geistes näher beschrieben als

> *„der Geist der Weisheit und der Einsicht, der Geist des Rates und der Stärke, der Geist der Erkenntnis und der Furcht des HERRN“* (Jes 11,2 | EÜ).

Man kann in diesem Prophetenwort die früheste Zusammenstellung der **Wesensmerkmale und Gaben des Geistes** sehen, die Gott auch uns schenken will. Wenn wir Gott durch unser Leben dienen wollen, brauchen wir die volle Ausrüstung mit seiner Kraft und seinen Gaben. Vor allem aber müssen wir an uns selbst positive Veränderungen erleben, damit wir überzeugend zu einem Leben mit Gott einladen können! Unser Leben wird attraktiver, authentischer und ausstrahlender in dem Maß, wie der Heilige Geist unsere Herzen erneuert.

Veränderung ist möglich!

Gott hat sich von Anfang an Menschen auf dieser Erde gewünscht, die ihm nahe sind und ihn repräsentieren können. Diesen Aspekt nennt die Bibel „Heiligung“. Im christlichen Glaubensbekenntnis wird die Kirche als *„Gemeinschaft der Heiligen“* bezeichnet. Bereits Paulus adressiert einige seiner Briefe *„an die Heiligen“* (in Rom, Korinth, Philippi usw.). Im Alten Testament sagt Gott über sein Volk Israel:

> *„Seid heilig, denn ich, der Herr, euer Gott, bin heilig! ... Seid mir geheiligt; denn ich, der HERR, bin heilig und ich habe euch von all diesen Völkern unterschieden, damit ihr mir gehört“* (3 Mose/Lev 19,2; 20,26 | EÜ).

„Heilig sein“ bedeutet nicht, dass wir ein perfektes Leben führen. Dazu ist kein Mensch auf dieser Erde in der Lage. Es geht auch nicht allein um moralische Werte, die wir möglichst punktgenau einhalten sollten. Die Bibel spricht von „Heiligung“ als einem Prozess (vgl. Heb 12,14). Dahinter steckt die einfache Erkenntnis, dass Umgang uns in jedem Fall prägt: Menschen, mit denen wir uns umgeben und auf die wir hören, bekommen Einfluss auf unser Leben. Als **Wesensmerkmale des Heiligen Geistes** nennt das Neue Testament:

- *„Gerechtigkeit, Frieden und Freude“* (Röm 14,17)
- *„Hoffnung“* (Röm 15,13)
- *„Kraft, Liebe und Besonnenheit“* (2 Tim 1,7)

All das möchte Gott auch in uns bewirken. Deshalb bedeutet „heilig leben“, sich dem Einfluss Gottes und seines Heiligen Geistes auszusetzen. So werden wir auf natürlich-übernatürliche Weise „heilig“ (vgl. 1 Kor 6,11).

- **Seine Nähe** wird durch eine neue Art zu denken und zu fühlen auf uns „abfärben“. Wir können schließlich anders handeln, als dies unserer bisherigen Prägung entspricht.
- **Sein Wort** verändert zunehmend unsere Weltanschauung und unser Wertesystem. Vor allem bewirkt es ein neues Bild von uns selbst: Wir lernen uns „mit seinen Augen“ zu sehen.
- **Sein Geist** legt uns eine Sehnsucht ins Herz, Gott zu gefallen und nach seinen Maßstäben zu leben. Wir lernen, ihn durch unser Leben zu *„verherrlichen“* (1 Pt 2,12 | EÜ; vgl. 1 Pt 1,15–16).

Im Epheserbrief benennt Paulus konkret einige Verhaltensweisen, die wir ablegen sollten. Dafür sollte unser Leben etwas von *„Gottes freundlicher Zuwendung“* zu uns widerspiegeln (Eph 4,25–32 | DBU). Entscheidend ist dabei die Motivation:

> *„Bereitet dem heiligen Geist Gottes keinen Grund zur Trauer!“*
> (Eph 4,30 | DBU).

Veränderung ist möglich! Sie wird sich in unserem Leben in dem Maß einstellen, wie wir auf Jesus schauen und durch den Heiligen Geist in seiner Gegenwart leben:

> *„Wo aber der Geist des Herrn ist, da ist Freiheit. Wir alle aber schauen mit enthülltem Angesicht die Herrlichkeit des Herrn wie in einem Spiegel und werden so in sein eigenes Bild verwandelt, von Herrlichkeit zu Herrlichkeit, durch den Geist des Herrn“* (2 Kor 3,17–18 | EÜ).

Diese verändernde Nähe des Herrn wird unsere Umgebung früher oder später spüren. Und wir selbst gewinnen eine andere Lebensqualität, weil unser Charakter sich wohltuend verändert und unser Verhalten immer mehr von Jesus widerspiegelt.

BIBELTEXT

Wir lesen gemeinsam: Galater 5,16–25

- In diesem Abschnitt beschreibt Paulus den Widerstreit zwischen zwei Lebensprinzipien: Unsere alte, *„menschliche Natur“* (wörtlich *„Fleisch“*) ist normalerweise nicht bereit, sich nach dem Willen Gottes zu richten. Losgelöst von seinen Geboten kann von uns Menschen viel Destruktives ausgehen (*„Werke des Fleisches“*).
- Dagegen bringt Gottes Geist „Frucht“ hervor: Wesensmerkmale, die Gottes gutem Willen entsprechen. Dadurch werden seine Gebote ganz „natürlich“ erfüllt.
- Diesem Widerstreit sind wir Menschen jedoch nicht hilflos ausgeliefert, sondern können die Entscheidung treffen, *„uns auf Schritt und Tritt von diesem Geist bestimmen zu lassen“*.
- Beachte den Unterschied: Die *„Werke des Fleisches“* werden *„offensichtlich“*, d. h. Sünde kommt früher oder später (als etwas Negatives) ans Licht. *„Frucht des Geistes“* dagegen wächst verborgen, braucht Zeit, steht dann aber für Qualität. Wahre Frucht wirkt immer anziehend.

Jesus wünscht sich von seinen Jüngern, *„dass ihr reiche Frucht tragt und euch als meine Jünger erweist"*. Sie sollen in ihrem Leben *„Frucht tragen, die Bestand hat"* (Joh 15,8.16). Wenn die Wurzel gut ist, wächst auf natürliche Weise gesunde Frucht. So wird sich auch in Ihrem Leben die Beziehung zu Christus langfristig positiv auswirken. Sie merken es vielleicht gar nicht, aber den Menschen in Ihrer Umgebung bleiben die Veränderungen nicht verborgen.

In Galater 5,22–23 beschreibt Paulus die *„Frucht, die der Geist Gottes hervorbringt"* mit neun verschiedenen Aspekten – wie eine Rebe mit neun Beeren. Man kann diesen Vers auch so lesen:

> *„Die Frucht des Geistes ist Liebe, nämlich: Freude, Frieden, Geduld, Freundlichkeit, Güte, Treue, Sanftmut (Rücksichtnahme) und Selbstbeherrschung."*

Liebe (griechisch *agape*) ist **das typische Wesensmerkmal von Jesus**. Er hat alle neun Früchte, diese wunderbaren Charaktereigenschaften, in vollkommener Weise verkörpert. Jesus machte Liebe aber auch zum „Markenzeichen" seiner Jünger:

> *„Ihr sollt einander lieben, wie ich euch geliebt habe. An eurer Liebe zueinander werden alle erkennen, dass ihr meine Jünger seid"* (Joh 13,34–35).

Frucht ist ein Ergebnis von Reife. Dieses Merkmal sollte auch unser geistliches Leben auszeichnen. So ist *„die Frucht das ethische Fundament für die Gaben"*. An ihr entscheidet es sich, *„ob die Gaben des Heiligen Geistes im Segen angewendet werden können oder nicht"* (Siegfried Großmann).[2] Der vorbildliche Charakter der ersten Christen, ihre Integrität und der Lebensstil ihrer Familien machte sie während der ersten drei Jahrhunderte im Römischen Reich zu glaubwürdigen Zeugen. Inmitten von Verfolgungswellen stellten sie einen spürbaren Unterschied zu ihrer Umgebung dar, die keine Menschenwürde oder das Ideal der Nächstenliebe kannte. Das Besondere am christlichen Glauben war *„die Verbindung hochgradiger sozialer Ethik mit Religion"*, stellt der Soziologe Rodney Stark in seinem Buch vom „Aufstieg des Christentums" fest.

Auch in unserer Zeit sollen wir **als Christen Christus repräsentieren**. Dies geht jedoch nur, wenn wir durch den Heiligen Geist das Leben von Christus in uns tragen!

> *„Wisst ihr nicht, dass ihr Gottes Tempel seid und der Geist Gottes in euch wohnt?"* (1 Kor 3,16 | EÜ).

> *„Oder wisst ihr nicht, dass euer Leib ein Tempel des Heiligen Geistes ist, der in euch wohnt und den ihr von Gott habt? Ihr gehört nicht euch selbst"* (1 Kor 6,19 | EÜ; vgl. 2 Kor 6,16).

PERSÖNLICHE STILLE ODER AUSTAUSCH ZU ZWEIT

- Wo gab / gibt es in meinem Leben positive Veränderungen, für die ich Gott dankbar bin?
  (Was wurde mir möglicherweise von anderen Menschen gespiegelt?)
- Wo empfinde ich einen Widerspruch zwischen der „Frucht des Geistes“ und meiner menschlichen Natur?
  (Wünsche ich mir konkrete Veränderungen?)

„Wir sind trotz des Geistes, der in uns innewohnt, oft so müde und furchtsam, weil wir dem Geist Gottes nicht zutrauen, aus uns etwas zu machen. Wir glauben der eigenen Bedürftigkeit mehr als den schöpferischen Impulsen Gottes ...“

Alfred Delp (1907-1945)

PERSÖNLICH ERLEBT

Gottes Geist wirkt überraschend

Hussein, ein junger Kurde, den ich vor einigen Monaten taufen konnte, berichtete mir von Träumen, in denen Jesus ihm erschien. Das eine Mal sah er ein großes Licht, aus dem er dann aber hörbar angesprochen wurde. Im zweiten Traum sah er Jesus deutlich als Person, die etwas wie Regen auf ihn träufelte, woraufhin er dann aufwachte und fast zwei Stunden lang unter starkem Zittern weinen musste. Er sagte mir, dass er nicht wisse, warum er überhaupt geweint habe. Doch seit dieser Erfahrung kann er nach vielen Monaten und Jahren der angstgesteuerten Schlaflosigkeit friedvoll durchschlafen. Husseins Träume von Jesus fingen schon an, als er noch Muslim war.

Dieses Wirken des Geistes ist in den letzten Jahrzehnten gerade in der islamischen Welt immer stärker geworden, und wir stehen als „pneumatisch unterentwickelte“ Europäer staunend und fassungslos davor.

Roland Werner

Zitiert nach: Michael Bendorf (Hrsg.), Wo der Geist weht (2019), S. 147

2.6 GABEN DES GEISTES: GOTT BEFÄHIGT UNS (ZWEITER FLÜGEL)

Im Bild unserer „Heilig-Geist-Taube" wenden wir uns nun dem anderen Flügel zu: Gott beschenkt uns mit seinen Gaben. Er tut dies, weil er uns befähigen möchte, anderen Menschen effektiv zu dienen und an seinem Plan in dieser Welt mitzuwirken. Gott tut dies auf unterschiedliche Weise:

- indem er sowohl unser **Naturell** mit seinen Begabungen gebraucht als auch unsere Fähigkeiten, die wir in Ausbildung, Studium, Beruf erworben haben,
- durch **Gaben**, die Gott uns aus Gnade schenkt und durch die er uns gezielt gebraucht,
- durch übernatürliche **Wunder**, die über den Rahmen unserer Möglichkeiten hinausgehen.

Im Neuen Testament spricht vor allem Paulus von den Gaben des Heiligen Geistes, und zwar im Zusammenhang mit dem Aufbau der Gemeinde. Im Neuen Testament findet sich 17-mal das griechische Wort *„Charisma"*, das man am besten mit *„Geschenk"* übersetzt. Darin steckt das Wort *„Gnade"*, also eine unverdiente *„Gnadengabe"* (vgl. 1 Kor 1,4.7). Der Begriff *„charismatisch"* meint ursprünglich nicht eine bestimmte Glaubensrichtung. Er wird in der Bibel auch nicht für faszinierende oder gewinnende Persönlichkeiten verwendet. Denn es geht weniger um das, was wir von Haus aus mitbringen, sondern vielmehr um das, was Gott in seiner Gnade aus unserem Leben macht.

- Zunächst spricht Paulus im Römerbrief vom wichtigsten Geschenk, *„das Gott uns in seiner Gnade macht"*, nämlich *„das ewige Leben in Jesus Christus, unserem Herrn"* (Röm 6,23). **Jesus selbst ist Gottes größte Gabe** an uns Menschen, quasi das „Ur-Charisma"! In der Beziehung zu ihm haben wir die entscheidende Grundlage für alles, was Gott durch uns bewirken will.
- Dann spricht Paulus vom Charisma, das Menschen **in ganz unterschiedlichen Lebenssituationen** erfahren, z. B. die Fähigkeit, ihren Stand als Ledige, Verheiratete, Verwitwete oder Geschiedene aus Gottes Hand anzunehmen: *„Es haben nicht alle die gleiche Gabe; dem einen gibt Gott diese, dem anderen eine andere"* (1 Kor 7,7).

- Schließlich listet Paulus an mehreren Stellen eine Reihe von Charismen auf, durch die wir anderen Menschen dienen und miteinander **die Gemeinde aufbauen** können (1 Kor 14,3–5.26). Charismen sind sozusagen die passenden Werkzeuge auf einer großen Baustelle und befähigen alle zur Mitarbeit (vgl. 1 Kor 3,9–11).

Unterschiedlich begabt und auf Ergänzung angelegt

> *„Dient einander als gute Verwalter der vielfältigen Gnade Gottes, jeder mit der Gabe, die er empfangen hat! Wer redet, der rede mit den Worten, die Gott ihm gibt; wer dient, der diene aus der Kraft, die Gott verleiht. So wird in allem Gott verherrlicht durch Jesus Christus“* (1 Pt 4,10–11 | EÜ).

Diese knappe Aufforderung von Petrus enthält einige wichtige Stichworte, die uns zu einem besseren **Verständnis der Geistesgaben** verhelfen:

- Gottes Gnade ist „vielfältig“ (wörtlich: verschiedenartig, bunt). Die Gnade Gottes kommt im Leben einzelner Menschen auf unterschiedliche Weise zum Ausdruck.
- Wir sollen gute „Verwalter“ (oder Haushalter) dieser Gnade sein. Gottes Gnadengaben müssen geschickt, weise und in dienender Weise zur Anwendung kommen.
- Es gibt – vereinfacht eingeteilt – Gaben des Wortes und Gaben der Tat. Menschen können sich in dem Maß entfalten, wie bestimmte Aufgaben ihren Gaben entsprechen.
- Das Ergebnis von guter Kooperation heißt: *„So wird Gott in allem verherrlicht.“* Indem wir unsere Gaben zur Verfügung stellen, kann Jesus seine guten Absichten verwirklichen.

Für das Zusammenspiel der unterschiedlichen Gaben könnte man auch an das Bild eines Orchesters denken, das unter der Leitung des Dirigenten einen großartigen Klangkörper bildet. Aber Paulus entwickelt im Zusammenhang mit den Gaben vor allem das **Bild vom „Leib Christi“**: Das geniale Zusammenspiel von Gehirn, Gliedmaßen, Sinnesorganen und inneren Organen gibt uns eine Ahnung davon, wie Jesus seine Gemeinde „steuern“ möchte.

In einigen Briefen bezeichnet Paulus ihn als *„Haupt"*:

> *„Wir aber wollen ... in allem auf ihn hin wachsen. Er, Christus, ist das Haupt. Von ihm her wird der ganze Leib zusammengefügt und gefestigt durch jedes Gelenk. Jedes versorgt ihn mit der Kraft, die ihm zugemessen ist. So wächst der Leib und baut sich selbst in Liebe auf"* (Eph 4,15–16 | EÜ).

Es ist der Heilige Geist, der diese **Fähigkeit zur gegenseitigen Ergänzung** überhaupt erst möglich macht. Normalerweise sind wir Individualisten und neigen dazu, uns voneinander abzugrenzen. Doch durch „Christus in uns" wird Einheit bei aller Vielfalt möglich. *„Zur Begeisterung für die Charismen gehört die Pflege ihrer Verschiedenheit"* (Peter Zimmerling).[3] Paulus sprach damals zu Gemeinden, die sich zunehmend interkulturell entwickelten und enorme soziale Differenzen überbrücken mussten:

> *„Denn wie der Leib einer ist, doch viele Glieder hat, alle Glieder des Leibes aber, obgleich es viele sind, einen einzigen Leib bilden: So ist es auch mit Christus. Durch den einen Geist wurden wir in der Taufe alle in einen einzigen Leib aufgenommen, Juden und Griechen, Sklaven und Freie; und alle wurden wir mit dem einen Geist getränkt"* (1 Kor 12,12–13 | EÜ).

Bemerkenswert ist die Formulierung *„so ist es auch mit Christus"* (vgl. 1 Kor 1,13). Offenbar geht es beim „Leib von Christus (dem Messias)" nicht nur um einen Vergleich, sondern um eine sichtbare und zugleich unsichtbare Realität: Der auferstandene Jesus hat auch heute lebendige „Organe" in Gestalt seiner Gemeinde auf dieser Erde. Er braucht Hände und Füße, die sich für ihn in Bewegung setzen, Augen und Ohren, die mit ihm empfinden können, und einen Mund, durch den er zu Wort kommt. **Christus braucht uns.** Der Christus-Leib ist seine „Agentur" für die Menschheit.

Dietrich Bonhoeffer (1906–1945) hat 1927 formuliert: *„Wo Christi Leib ist, da ist Christus. ... Das Neue Testament kennt eine Offenbarungsform ‚Christus als Gemeinde existierend'."* Ein Jahrzehnt später schreibt er in seinem Buch „Nachfolge" (1937): *„Das Leben Jesu Christi ist auf dieser Erde noch nicht zu Ende gebracht. Christus lebt es weiter in dem Leben seiner Nachfolger."*

Keine Angst vor den Gaben des Geistes!

Beim Thema Charismen bzw. „charismatisches Christsein“ tauchen immer wieder Missverständnisse und Extrempositionen auf, die wir vermeiden sollten:

- **1. Missverständnis:** Die Gaben des Geistes sind heute nicht mehr existent, sie waren nur für die erste Zeit der Apostel „nötig“, als es noch kein Neues Testament gab.

  So heißt es in den Erklärungen der „Jubiläumsbibel“ (Luther-Übersetzung von 1912) zu der Gabe der „Zungenrede“ (1 Kor 14,1–2): *„An unseren geistlichen Liedern haben wir einen überreichen Ersatz für das nicht mehr vorhandene Zungenreden.“* Fünf Jahre zuvor begann sich die Pfingstbewegung auch in Deutschland auszubreiten, deren auffälliges Merkmal vor allem das Sprachengebet (*„Zungenrede“*) war!

  Bis heute sind uns die Charismen als *„Arbeitsorgane“* bzw. *„Spezialinstrumente“* gegeben (Paul Schütz), damit wir für unseren Dienst gut ausgerüstet sind. Sicherlich sind sie vorläufig und werden einmal aufhören, wenn Gott seine neue Welt endgültig aufrichten wird (vgl. 1 Kor 13,8–12).

- **2. Missverständnis:** Die wahren und wichtigsten Geistesgaben sind die außergewöhnlichen, spektakulären, bei denen etwas „Übernatürliches“ geschieht.

  So bieten Charismen wie Sprachengebet, Prophetie, Heilung und Befreiung nach wie vor reichlich Diskussionsstoff. Bei Paulus können wir aber nicht erkennen, dass er Gaben wie Barmherzigkeit, Lehre oder Leitung als weniger „geistlich“ ansieht. Mit dem Wirken des Heiligen Geistes kommen „natürliche“ Begabung und „übernatürliche“ Befähigung zu einer wunderbaren Ergänzung. Allerdings kann Gott jederzeit über das Maß unserer natürlichen Fähigkeiten und Möglichkeiten hinausgehen. Charismen sind ein Ausdruck seiner großen Gnade.

- **3. Missverständnis:** Geistesgaben sind ein Zeichen besonderer geistlicher Reife.

  Zwischen den zentralen Kapiteln über die Charismen im 1. Korintherbrief (12 und 14) stimmt Paulus ein „Hohelied“ auf die Liebe an. Darin stellt er Frucht und Gaben des Heiligen Geistes gegenüber. Zur Zeit der ersten Christen waren Wunder und „übernatürliche Kräfte“ normal. Dennoch heißt es immer wieder:

„Wenn ich alle diese Gaben besitze, aber keine Liebe habe, bin ich nichts … Was für immer bleibt, sind Glaube, Hoffnung und Liebe, diese drei. Aber am größten von ihnen ist die Liebe“ (1 Kor 13,2–3.13).

Wer erfolgreich um Heilungen betet und sogar Wunder im Namen von Jesus tut, kann dennoch mit seiner Lebensführung im Widerspruch zu Gottes Geboten stehen. Jesus selbst warnte vor *„falschen Propheten“* (Mt 24,11.24; 7,15–23) und nennt als entscheidendes Kriterium: *„An ihren Früchten werdet ihr sie erkennen“* (Mt 7,20; 12,33).

Ein Jahrhundert später heißt es in der „Lehre der zwölf Apostel“ (Didache), einer frühchristlichen Schrift: *„Nicht jeder, der im Geist redet, ist ein Prophet; sondern wenn er die dem Herrn entsprechenden Verhaltensweisen hat. An den Verhaltensweisen also werden der Pseudo-Prophet und der Prophet erkannt werden“* (11,8).

> „Im prophetischen Geschehen trifft Gottes Ewigkeit auf die Zeitlichkeit dieser Welt. … Prophetie ist ihrem Wesen nach Zeitansage Gottes, egal ob sie sich auf die Vergangenheit, Gegenwart oder Zukunft bezieht.“
>
> **Heinrich Christian Rust** [4]

BIBELTEXT

Wir lesen gemeinsam: 1. Korinther 12,1–12.27

Dieser Abschnitt gehört zu den wichtigsten Aussagen über die Geistesgaben, aber auch über eine gesunde Gemeindeentwicklung. Aus diesen Versen können wir für unser Thema wichtige Schlüsse ziehen:

- Das entscheidende Kriterium für alle *„Geistbegabten"* (griechisch *pneumatika*) ist ihre Haltung zu Jesus: Wo er als *„der Herr"* bekannt wird, ist Gottes Geist am Werk (V. 1–3). An diesem Bekenntnis scheiden sich die Geister. Auch heute sollten wir bei spirituellen Erfahrungen gut unterscheiden, aus welchen Quellen geschöpft wird (vgl. Sekten, religiöse Kulte, okkulte Praktiken).

- Wir Menschen sind jeweils *„verschieden"* begabt, dennoch gilt: *„Jedem wird die Offenbarung des Geistes geschenkt, damit sie anderen nützt. ... Das alles bewirkt ein und derselbe Geist; einem jeden teilt er seine besondere Gabe zu, wie er will"* (V. 7.11 | EÜ).

- Die Gemeinde erlebt also Einheit in der Vielfalt, wobei der Grund in Gott selbst liegt:

  „Es gibt verschiedene Gnadengaben, aber nur den einen Geist.
  Es gibt verschiedene Dienste, aber nur den einen Herrn.
  Es gibt verschiedene Kräfte, die wirken, aber nur den einen Gott:
  Er bewirkt alles in allen" (1 Kor 12,4–6 | EÜ).

- In diesen Versen sehen wir **ein *„trinitarisches Modell“***: Gott der Drei-Einige möchte, dass wir gut ausgerüstet sind, um ihm effektiv dienen zu können. Alle drei Aspekte bedingen einander, sind aufeinander bezogen und dürfen sich niemals verselbstständigen:
    - Von Gott, dem **Vater** gehen *„Kräfte“* aus, wörtlich *„Energien“*. Diese finden ihren Ausdruck in den einzelnen *„Gnadengaben“*.
    - Mit dem Heiligen **Geist** sind die *„Gnadengaben“* verbunden, griechisch *„charisma“*. Sie wiederum werden zum *„Dienst“* aneinander geschenkt.
    - Jesus, dem **Sohn** Gottes, sind verschiedene *„Dienste“*, griechisch *diakonia*, zugeordnet.

Geistliche Gaben in der Bibel

In 1. Korinther 12,8–11.28–30 erwähnt Paulus neun *„Charismen"*. Das ist nicht als vollständige Liste zu verstehen, denn es finden sich noch weitere Charismen in anderen Abschnitten des Neuen Testaments: Römer 12,4–8; 1. Korinther 14,1–5.26–33 und indirekt 13,1–3. Die einzelnen Gaben werden von Paulus in unterschiedlichen Zusammenhängen erwähnt und nicht systematisch dargestellt. Jesus übte seinen Dienst selbstverständlich aufgrund verschiedener Charismen aus und sprach auch über sie (Mt 10,8; Mk 16,17–18). Es gibt schon im Alten Testament eindrucksvolle Beispiele von „geistlichen Gaben", ohne dass dieser Begriff dort erwähnt wird (vgl. Kapitel 1.3). Im Neuen Testament begegnen uns einige **Gaben als „Amt"**: Eine Person wird mit einem besonderen Dienst, in dem sie sich zuvor bewährt hat, beauftragt (in der Tabelle auf der nächsten Seite ist dies ergänzend die rechte Spalte):

> *„Und er setzte die einen als Apostel ein, andere als Propheten, andere als Evangelisten, andere als Hirten und Lehrer, um die Heiligen für die Erfüllung ihres Dienstes zuzurüsten, für den Aufbau des Leibes Christi"*
> (Eph 4,11–12 | EÜ).

Für einige Gaben gibt es im griechischen Text **Bezeichnungen**, die man für unsere heutige Wirklichkeit sicherlich **übersetzen** muss. In einigen Büchern über die biblischen Gaben wird die Liste erweitert um Charismen wie „Seelsorge", „Gastfreundschaft", „Kreativität" usw. Wenn wir uns im Blick auf die Gaben nicht nur auf die christliche Gemeinde fokussieren, sondern auch über gabenorientiertes Arbeiten in der Berufswelt nachdenken, ergeben sich interessante Perspektiven:

- Einige Menschen sind „Apostel": Sie ergreifen die Initiative, erschließen neue Horizonte, gehen als Gründer oder Pioniere voran. In der Wirtschaft sind das „Unternehmer-Typen".
- Einige Menschen haben die Gabe eines „Hirten": Sie haben einen Blick für andere Menschen, arbeiten gerne im Team und sorgen für den Zusammenhalt einer Gruppe. Sie sind „Kümmerer" und „Fürsorger".

ZUR VERTIEFUNG

Die Gaben im Überblick

Allgemeine Gaben		**Geistliches Amt**
Sendung	1 Kor 12,28; Eph 4,11	Apostel
Hirtengabe	Apg 20,28; Eph 4,11	Hirte
Leitung („Vorsitz“) Führung („Steuerung“)	Röm 12,8; 1 Kor 12,28; 1 Tim 3,1–7	Älteste (Supervisor)
Gaben des Wortes		
Lehre	Apg 13,1; Röm 12,7; 1 Kor 12,28; 14,6; Eph 4,11	Lehrer
Evangelisation	Eph 4,11	Evangelist
Prophetie	Röm 12,6; 1 Kor 12,10.28; 14,1–6; Eph 4,11	Prophet
Sprachenrede (Glossolalie)	Mk 16,17; 1 Kor 12,10.28; 14,2–4.13–15.26	
Erkenntnis(-wort)	1 Kor 12,8; 14,6	
Weisheit(srede)	1 Kor 12,8	
Gaben des Dienstes		
Unterstützung (auch finanziell)	1 Kor 12,28	
Ermutigung (Seelsorge)	Apg 4,36; 11,23–25; Röm 12,8	Ermutiger (Seelsorger)
Barmherzigkeit (Diakonie)	Apg 6,2–6; Röm 12,8; 1 Tim 3,8–13	Diakon
Fürsorge (Hilfeleistungen)	Röm 12,7; 1 Pt 4,11	
Geben (Spenden)	Röm 12,8; 1 Kor 13,3	
Gaben als Kraftwirkung		
Deutung / Auslegung	1 Kor 12,10.30; 14,26	
Offenbarung	1 Kor 14,24-26	
Glaube [auch eine Frucht!]	1 Kor 12,9; 13,2	
Heilungen [im Plural]	Mk 16,18; 1 Kor 12,9.28	
Wunder(-kräfte)	Mk 16,18; 1 Kor 12,10.28–29	

In der Apostelgeschichte begegnet uns im Zusammenhang mit der „Ausgießung" des Geistes häufig die **Gabe der Prophetie und der Sprachenrede**. Die Ausrichtung dieser beiden Charismen ist unterschiedlich: Wer in Sprachen redet bzw. betet, *„erbaut sich selbst; wer aber prophetisch redet, baut die Gemeinde auf"* (1 Kor 14,4 | EÜ). Prophetie kommt in allen Auflistungen von Charismen vor. An dieser Gabe wird Gottes Wunsch deutlich, uns seine Pläne mitzuteilen und durch sein schöpferisches Wort Neues zu wirken. Die Bibel macht uns mit einem kommunikativen Gott vertraut (Ps 19,8.9; 33,6.9; 50,1–3), der die Beziehung zu seinen Kindern sucht. Gott, der Vater, möchte, dass wir seine Stimme hören:

> *„Meine Schafe hören auf meine Stimme; ich kenne sie und sie folgen mir. Ich gebe ihnen ewiges Leben. ... Mein Vater, der sie mir gab, ist größer als alle und niemand kann sie der Hand meines Vaters entreißen"*
> (Joh 10,27–29 | EÜ).

Prophetie zählt zu den am häufigsten erwähnten Gaben der Bibel. Das Wirken der Propheten durchzieht die gesamte Geschichte des Alten Testaments wie ein roter Faden. Im Neuen Testament setzt sich dieses oftmals überraschende Reden Gottes durch prophetisch begabte Menschen fort. Dabei geht es weniger um Zukunftsdeutung als vielmehr um Verständnis für die guten Absichten Gottes.

> *„Das Wesen jeder prophetischen Botschaft ist es, auf Jesus hinzuweisen"*
> (Offb 19,10 | HFA).

**Mehr zum Thema Prophetie unter dem folgenden Abschnitt „WISSENSWERT".
Das Charisma der Sprachenrede wird im 3. Kapitel dieses Kurses ausführlicher thematisiert.**

WISSENSWERT

Die Gabe der Prophetie: in der Bibel und heute

Die Bücher der **Propheten** machen ein Viertel der hebräischen Bibel (Altes Testament) aus. Der Hauptteil der Geschichtsbücher wird in der hebräischen Bibel als „Frühere Propheten" bezeichnet. Bekannt sind vor allem die „großen Propheten" Jesaja, Jeremia, Ezechiel. Neben den „zwölf kleinen Propheten" werden auch historisch bedeutsame Figuren wie Abraham, Mose, Samuel oder David bis ins Neue Testament hinein als „Propheten" bezeichnet (vgl. Apg 2,30; 3,24; 13,20).

Der „Täufer" **Johannes** bildet eine Art Gelenk zwischen dem alten und dem neuen Bund Gottes und wurde zu seiner Zeit als bedeutender Prophet anerkannt (Mt 11,9–14; 21,26), ja als Zeichen für die Rückkehr des prophetischen Geistes nach Israel. **Jesus** wurde unter anderem als Prophet angesehen und hat sich selbst auch so bezeichnet (Lk 7,16; 13,33; 24,19; Joh 4,19; 6,14). Mit seinem Kommen ist der prophetische Dienst in keiner Weise beendet: *„Siehe, ich sende Propheten, Weise und Schriftgelehrte zu euch ..."* (Mt 23,34 | EÜ). Entsprechend sehen wir nach Pfingsten, wie Propheten in der ersten Generation der Christenheit auftreten (Apg 11,27–28; 13,1; 15,32; 21,8–11). Darüber hinaus ist die Apostelgeschichte erfüllt vom prophetischen Reden des Geistes durch Worte der Erkenntnis, Visionen, Engelerscheinungen usw. Prophetie soll nach dem Zeugnis des Neuen Testaments nicht nur von „Propheten", sondern von der gesamten Gemeinde ausgeübt und auch beurteilt werden:

> *„Zwei oder drei Propheten sollen zu Wort kommen; die anderen sollen urteilen. ... Einer nach dem anderen könnt ihr alle prophetisch reden. So lernen alle etwas und alle werden ermutigt"* (1 Kor 14,29–31 | EÜ).

Im Alten Testament war der prophetische Dienst teilweise eine Berufung auf Lebenszeit. Dass Gott sich einzelnen Menschen offenbarte, veränderte ihr gesamtes Schicksal, ihre soziale Stellung und war nicht selten mit Leid verbunden (vgl. Jer 1,4–10; 20,7–9). Propheten trugen die *„Last des Herrn"* (Hab 1,1; 3,16). Sie standen zwischen dem Volk Israel und seinem Gott. Sie mussten warnen, mahnen, an Gottes Gebote und seine Treue in der Geschichte erinnern. Sie spürten in besonderer Weise den „Herzschlag Gottes" (vgl. Hos 1,2–6; 6,4–6; 9,7; 11,8–11). Sie sprachen nicht nur von Ereignissen, die erst Jahrhunderte später eintrafen, sondern waren Vorläufer für Jesus, der später in seiner Person das gesamte Reden Gottes zusammenfasst (Joh 1,3.14; Mt 24,35; Hebr 1,1–3).

Im Alten Testament hatten Propheten eine herausragende Stellung, oft im kritischen Gegenüber zu Königen und Priestern. Dabei standen sich immer wieder wahre und falsche Propheten gegenüber (vgl. Jer 5,13.31; 14,14; 23,14–16). Obwohl es Gottes Absicht ist, sein ganzes Volk prophetisch zu gebrauchen (vgl. 4 Mose/Num 11,29; Ps 105,15), beginnt erst mit der Ausgießung des Geistes im **Neuen Testament** der allgemeine prophetische Dienst. Prophetie ist der gesamten Gemeinde gegeben, sie bekommt *„eine prophetische Grundausstattung“* geschenkt (Heinrich Christian Rust).[4] Prophetischer Dienst muss miteinander eingeübt werden, wobei immer mit einer gewissen „Unschärfe“ zu rechnen ist: *„Jetzt ist mein Erkennen Stückwerk“*, formuliert Paulus (1 Kor 13,12 | EÜ). In der Apostelgeschichte erleben wir, wie auch die Apostel durch Phasen der Unklarheit gingen und Gottes Reden nicht sogleich eindeutig war (Apg 16,6–10; 20,22–24; 21,10–14). Es ist Aufgabe der gesamten **Gemeinde**, nicht nur die von prophetisch Begabten, auf Gott zu hören und sich für sein Reden zu öffnen:

> *„Löscht den Geist nicht aus! Verachtet nicht prophetisches Reden, aber prüft alles. Haltet fest, was gut ist, aber haltet euch fern von jeder Form des Bösen!“* (1 Thess 5,19–22 | wörtlich).

Prophetisches Hören ist also ein Lernprozess und gelingt in dem Maß, wie sich unterschiedliche Eindrücke ergänzen und bestätigen. Was wir im Geist „hören“ oder „sehen“, bedarf allerdings der Deutung, damit aus „Eindrücken“ eine klare Botschaft wird. Dabei müssen drei wichtige Schritte durchlaufen werden:

- Empfang von Offenbarung (Worte, Eindrücke, Empfindungen)
- Auslegung der empfangenen Eindrücke
- Anwendung (Konsequenzen)

Auf allen drei Ebenen muss es zur Deutung bzw. Prüfung kommen. Das biblische Prinzip, dass *„jede Sache ... aufgrund der Aussagen von zwei oder drei Zeugen entschieden werden“* soll, durchzieht die gesamte Bibel (Mt 18,16; 1 Tim 5,19; 5 Mose/Dtn 19,15). Angewandt auf den Umgang mit prophetischen Eindrücken, ebenso mit Visionen oder Auditionen heißt das: Die Faktoren „Ergänzung“ und „Übereinstimmung“ geben einen wichtigen Hinweis darauf, dass der Heilige Geist hier am Wirken ist.

Prophetisches Reden bewirkt nicht nur Einblicke in die Zukunft, sondern zeigt uns zuerst etwas von dem, was Gott am Herzen liegt. Es bewirkt Kurskorrektur, fördert Glauben und Gehorsam und kann punktgenau zum persönlichen Zuspruch werden:

> *„Wer ... prophetisch redet, redet zu Menschen: Er baut auf, ermutigt, spendet Trost“* (1 Kor 14,3 | EÜ).

Die **Gottesdienste** der ersten Christen waren reich an prophetischer Rede und verwandten Charismen wie Worten der Erkenntnis, der Weisheit und Auslegung von Sprachenrede: *„Es steht jedem frei, etwas beizutragen ...“* (1 Kor 14,26). Biblische Prophetie wird sich immer im Rahmen der Offenbarung bewegen, die Gott uns in der Heiligen Schrift gegeben hat (vgl. 2 Tim 3,15–17). Sie bringt keine neue Lehre hervor, sondern konkretisiert Gottes Willen für bestimmte Zeiten und Situationen. So gab und gibt es eindrucksvolle prophetische Worte über historische Ereignisse und weltweite Entwicklungen. Durch den *„Geist der Prophetie“* spricht Jesus bis heute. Wir tun gut daran, aufmerksam darauf zu hören (vgl. Offb 19,10; 22,6).

Gaben gebrauchen – Gemeinde aufbauen

In 1. Korinther 14 erörtert Paulus ausführlich, wie Prophetie und Sprachenrede sowohl im persönlichen Gebet als auch **im Gottesdienst** sinnvoll zur Anwendung kommen. Bereits damals gab es in den Gemeinden Missstände beim Gebrauch der Charismen. Dennoch ermutigt Paulus ausdrücklich: *„Strebt also nach dem prophetischen Reden … und verhindert nicht das Reden in Zungen!"* (1 Kor 14,39 | EÜ). Mit dem Aufbruch der charismatischen Bewegung (1960/70er Jahre) waren es gerade diese beiden Gaben, durch die unzählige Menschen eine Erneuerung ihres Glaubenslebens erfuhren. Welche Leitlinien gibt Paulus uns nun an die Hand, diese und andere Gaben in gesunder Weise zu gebrauchen?

- Gott schenkt uns seine Gaben nicht, damit wir uns mit anderen vergleichen oder stolz werden, sondern **zur gegenseitigen Ergänzung**. Gemeinde soll nicht nur als Organisation „funktionieren", sondern sich als *„Leib"* des auferstandenen Christus organisch entwickeln, sodass *„alle Glieder einträchtig füreinander sorgen"* (1 Kor 12,25 | EÜ). Gemeinde ist der Ort, wo Gottes Geist sich manifestieren will. Er ist es, der eine neue Qualität des Miteinanders unter uns ermöglicht.

- Paulus ermutigt zum Gebrauch der Gaben nicht zur Selbstverwirklichung, sondern **zum Aufbau der Gemeinde**. Das Stichwort *„Aufbau, aufbauen"* geht wie ein roter Faden durch den ersten Korintherbrief und findet sich dort 11-mal. Es stammt aus dem Hausbau, sodass man auch wiedergeben könnte: sich *„konstruktiv"* einbringen. Während Prophetie andere Menschen aufbaut, ermutigt und tröstet, dient die Sprachenrede der eigenen „Erbauung" (1 Kor 14,3–5.12.26 | EÜ).

- Entsprechend waren die **Gottesdienste** der ersten Christen **lebendige Zusammenkünfte**, wo jeder etwas beitragen konnte. Gott kam durch vielfältige Charismen zu Wort, nicht nur durch die Predigt eines „Geistlichen". Man diente einander und war nicht auf Hauptamtliche angewiesen.

  „Da ihr nach Geistesgaben strebt, gebt euch Mühe, dass ihr damit vor allem zum Aufbau der Gemeinde beitragt. … Wenn ihr zusammenkommt, trägt jeder etwas bei: einer einen Psalm, ein anderer eine Lehre, der dritte eine Offenbarung; einer redet in Zungen und ein anderer übersetzt es. Alles geschehe so, dass es aufbaut" (1 Kor 14,12.26 | EÜ).

Wo diese Dimension heute wiederentdeckt wird, entstehen kleine geistliche Gemeinschaften und lebendige Gemeinden mit großer Anziehungskraft.

Für unsere, oftmals von alten Traditionen geprägten Gemeinden wird die Wiederentdeckung dieser „charismatischen“ Dimension neue Horizonte öffnen: *„Leiter wachsender Gemeinden ... befähigen, unterstützen, motivieren und begleiten die einzelnen Gemeindemitglieder, damit sie schließlich zu dem werden, was Gott schon immer mit ihnen vorhatte“*, so beschreibt Christian A. Schwarz aufgrund internationaler Studien ein wesentliches Qualitätsmerkmal von vitalen Gemeinden. Die gesamte Gemeindeleitung sollte den Gemeindegliedern dabei helfen, *„ihre gottgegebenen Gaben ausfindig zu machen und einen Dienst zu finden, der zu diesen Gaben passt“.* [5]

Mehr zum Thema „Gemeinde bauen durch vielfältig begabte Menschen“ finden Sie im Anhang.

„Charismen ohne die Institution steuern ins Chaos; die Institution ohne Charismen steuert in die Stagnation.“

Pater Raniero Cantalamessa („Prediger des Papstes“)

PERSÖNLICH ERLEBT

Plötzlich hatte ich ein inneres Bild …

Im Jahr 1978 war ich Zivildienstleistender im Quellenhof der von Bodelschwinghsche Stiftungen Bethel in Bielefeld. Nach der Rückkehr von einem Mitarbeiter-Wochenende war mein Schlüsselbund mit dem Zentralschlüssel der Einrichtung weg! Tage später war ich am Ende: Jedes Suchen, jedes Nachdenken hatte keinen Sinn mehr. Ich wusste nur eins: Gott weiß, wo das Schlüsselbund ist. Ich setzte mich hin, bat ihn nochmal, mir den Schlüssel zu zeigen und machte mich frei von allen Gedanken, soweit es ging. Vollständig geht das ja nie.

Doch plötzlich hatte ich ein Bild vor Augen: auf der Freizeit die Wanderung durch ein Moor mit Pause auf einer Lichtung, wo der kleine Sohn des Hausvaters mit mir „Hoppe, hoppe, Reiter" im Gras gespielt hatte. Ein Mitarbeiter lieh mir sein Auto. 100 Kilometer nach Norden. Parken. Der Weg durchs Moor. Der Puls stieg. Es ging ja nicht nur um einen Zentralschlüssel, sondern auch darum: Spricht Gott wirklich so konkret? Da, die Lichtung. Das halbhohe, vom Regen nasse Gras – und tatsächlich: Da lag der Schlüsselbund. Leicht angerostet, einsam mitten in uriger Landschaft.

Im Quellenhof war ein Problem gelöst. Das Entscheidende aber war für mich etwas ganz anderes: Gott antwortet real, vollkommen souverän. Rechne damit! Wenn du Herz und Gedankenwelt für Gott öffnest, gewinnt Er Raum.

Christian Wolfram

Der Heilige Geist als Vokabelexperte

Meine Hinwendung zu Jesus fiel in die ohnehin spannende Phase des Übergangs vom Studium in die Berufswelt. Ich landete in Berlin und nach einigen Monaten in meinem eher ungewöhnlichen ersten Job: Dolmetscherin im Auswärtigen Amt mit vertretungsweiser Zuständigkeit für Dolmetsch-Einsätze im Bundespräsidial- und Bundeskanzleramt. Nach einigen Wochen erfuhr ich vormittags, dass ich nachmittags aufgrund von kurzfristigen Änderungen spontan als Dolmetscherin für den Kanzleramtschef gebraucht würde. Thema: Airbus/Boeing. Ich saß mit noch recht studentischem Sommeroutfit im Büro und wurde erst einmal mit dem Taxi nach Hause geschickt, um mich umzuziehen. Danach blieb leider kaum noch Zeit, um mich terminologisch in das Thema einzuarbeiten. Da half dann sprichwörtlich nur noch beten.

Eigentlich war ich zu der Zeit mit der Vorbereitung auf einen anderen Dolmetsch-Termin beschäftigt, und im Taxi hatte ich plötzlich einen Begriff von diesen Vorbereitungen im Kopf: RFP – request for proposal in Vergabeverfahren („Anfrage nach einem Angebot"). Das war es dann auch schon so ziemlich mit meiner Vorbereitung. Im Kanzleramt angekommen, wurde ich von den Sekretärinnen zunächst vor der Tür vergessen und dann nach Beginn des Gesprächs mehr oder weniger in den Besprechungsraum geschoben. Nach diesem holprigen Start war die erste Frage, die der damalige Kanzleramtschef stellte, was mit „RFP" gemeint sei. Diese Erfahrung, wie konkret Gott für mich sorgt, war besonders am Anfang meines Glaubensweges eine besondere Ermutigung. Ich habe daraus gelernt, dass Leitung durch den Heiligen Geist nicht nur etwas für Menschen mit langjähriger Vorerfahrung ist!

Dörte

Ein prophetisches Wort rettet Leben

Prophetische Worte tragen zum Wachstum der Gemeinde bei. In einem Weihnachtsgottesdienst hatte jemand einen prophetischen Eindruck, dass unter uns jemand sei, der sich noch heute umbringen wolle. Gott jedoch wolle ihm sagen: „Ich habe deine Not gesehen. Ich bin da. Wirf dein Leben nicht weg. Ergreife meine Hand."

Würde die Weitergabe eines solchen Gedankens zum Ende unseres schönen Gottesdienstes nicht irritieren? Wir entschlossen uns, den Eindruck weiterzugeben. Tatsächlich kam eine Person auf uns zu, auf die exakt alles zutraf. Wenn ich heute (Jahre danach) die Person treffe, bin ich immer noch bewegt, wie Gott so unmittelbar lebensrettend wirkte. Ich bin oft erstaunt, wie konkret Gott zu Einzelnen spricht und was er tut. Räume im Gottesdienst dafür zu öffnen, ist durchaus ein Risiko, das wir aber bewusst eingehen sollten. Aus zwanzigjähriger Gemeindearbeit kann, will und muss ich sagen: Ohne den Heiligen Geist ist Kirche Krampf. Er ist der Wind im Segel der Gemeinde, das Feuer, das neue Leidenschaft entzündet, und das Wasser in Wüstenzeiten.

Stefan Vatter

Zitiert nach: Michael Bendorf (Hrsg.), Wo der Geist weht (2019), S. 165

2.7 AUF SENDUNG MIT DEM GEIST

Von Anfang an wurde die Jesusbewegung (die wir heute als „Kirche“ oder „Gemeinde“ kennen) wie auf Flügeln vorwärts getragen. Es war der Heilige Geist, der einzelne Menschen verwandelte und aus ihrem Leben Frucht hervorgehen ließ. Es war derselbe Heilige Geist, der sie mit seinen Gaben beschenkte und dadurch zu vollmächtigen Zeugen machte. „Ein Herz und zwei Flügel“ – daraus folgt eine intensive Bewegung des Geistes. Doch wohin führte der Geist die ersten Christen? Und wohin möchte er uns heute führen?

Jesus ging es niemals nur um persönliche Frömmigkeit. Letztlich kam er, um das „Angesicht der Erde“ zu erneuern. Sein großes Lebensthema war die anbrechende Herrschaft Gottes („Reich Gottes“), und mit dieser Botschaft sandte er seine Jünger aus (Mt 4,17; 10,7; 24,14). Darum beten wir auch im Vaterunser:

> *„Unser Vater im Himmel! Dein Name werde geheiligt. Dein Reich komme. Dein Wille geschehe wie im Himmel so auf Erden“* (Mt 6,9–10.33 | LUT).

Wenn wir um den Heiligen Geist bitten, beten wir zugleich um die Ausbreitung seines Willens *„auf der Erde“*. Ein Stück vom Himmel soll heute schon zu uns kommen. Das ist die Sehnsucht Gottes. Sein Geist ist uns geschenkt, damit er uns persönlich verändert. Doch der Horizont geht viel weiter: Gott hat diese Welt im Blick, die er *„so sehr geliebt“* hat (Joh 3,16)!

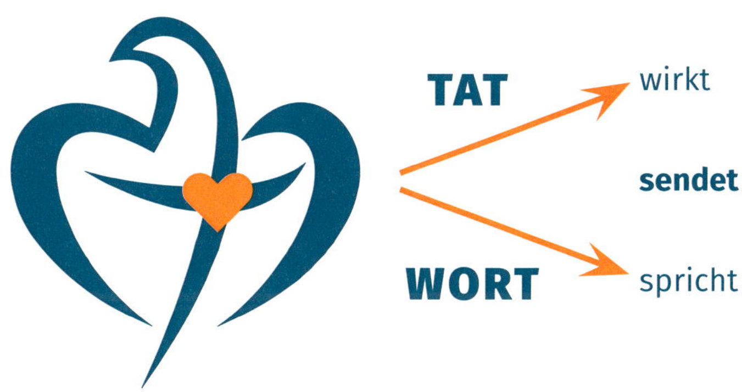

BIBELTEXT

Wir lesen gemeinsam: Markus 16,15–20

In diesem Schlusskapitel des Markus-Evangeliums sendet Jesus die Jünger als seine Boten: Sie sollen *„der ganzen Schöpfung das Evangelium"* bringen. Die *„gute Nachricht"* soll die gesamte geschaffene Welt erreichen. Jesus hat aufgrund seiner Auferstehung *„alle Autorität im Himmel und auf der Erde"* (Mt 28,18 | eigene Übersetzung). Unter diesem Vorzeichen geschieht Mission und geht die Gemeinde „auf Sendung".

- Markus 16 ist wie ein großer Doppelpunkt am Beginn der weiteren Kirchengeschichte. Zwischen Jesus und seinen Jüngern kam es zu einer Synergie: Er *„wirkte mit"* (griechisch *synergeo*) und *„bestätigte"* ihr Zeugnis. Diese Arbeitsteilung zwischen Himmel und Erde ist nur möglich durch die Kraft des Heiligen Geistes. Er ist die „Schnittstelle" zwischen der sichtbaren und der unsichtbaren Welt.
- In diesen Versen wird eine Reihe von Geistesgaben und *„Zeichen"* aufgeführt, die im Leben der Gläubigen auftreten werden. Sie alle begegnen uns im Verlauf der Apostelgeschichte:
    - *„Wunder und außergewöhnliche Dinge"* (Apg 5,12; 6,8; 19,11)
    - Krankenheilungen, Befreiung von *„unreinen, bösen Geistern"* (Apostelgeschichte 3,6–8; 5,15–16; 8,6–8; 14,8–10; 16,16–18; 19,12; 28,7–9)
    - Auferweckung von Toten (Apg 9,40–41)
    - Befreiung aus dem Gefängnis, Bewahrung vor Tieren (Apg 12,7–11; 16,26–28; 28,3–6)
- Jesus hatte seine Jünger mit dem Ziel ausgebildet, sie auszusenden und ihnen *„Vollmacht"* zu geben (Mk 3,13–15; 6,7). Das griechische Wort *exousia* meint *Erlaubnis, Autorisierung, Bevollmächtigung.* Dazu zählt Jesus auch *„die Vollmacht, auf Schlangen und Skorpione zu treten und über die ganze Macht des Feindes"* (Lk 10,19 | EÜ).

Zeichen der anbrechenden Gottesherrschaft

Wo Jesus war, wirkte der Heilige Geist in heilender und befreiender Weise an den Menschen. Er, der in der Einheit mit dem Vater und dem Geist an der Schöpfung beteiligt war, ließ Gottes Liebe gegenüber seinen Geschöpfen in geistiger, seelischer und körperlicher Hinsicht spürbar werden:

> *„Man brachte alle Leidenden zu ihm, Menschen, die von den verschiedensten Krankheiten und Beschwerden geplagt waren, auch Besessene, Epileptiker und Gelähmte, und er machte sie gesund“* (Mt 4,24).

> *„Er trieb die Geister durch sein Wort aus und heilte alle Kranken. So erfüllte sich, was durch den Propheten Jesaja vorausgesagt worden war: ‚Er selbst hat unsere Leiden auf sich genommen, er hat unsere Krankheiten getragen‘“* (Mt 8,16–17; Jes 53,4).

Das Erstaunliche ist nun, dass Jesus genau diesen Auftrag an seine Jünger weitergibt: Sie sollten „verkünden“ und „heilen“. Dazu bildete er sie aus und multiplizierte seinen Dienst durch sie:

> *„Geht und verkündet: ‚Das Himmelreich ist nahe.‘ Heilt Kranke, weckt Tote auf, macht Aussätzige rein, treibt Dämonen aus. Was ihr umsonst bekommen habt, das gebt umsonst weiter“* (Mt 10,7–8).

In einer späteren Phase beruft Jesus einen weiteren Kreis von 72 Mitarbeitern, die er mit demselben Auftrag vorausschickt *„in alle Städte und Ortschaften, die er später selbst aufsuchen wollte“*:

> *„Heilt die Kranken, die dort sind, und verkündet den Bewohnern der Stadt: ‚Das Reich Gottes ist zu euch gekommen‘“* (Lk 10,1.9).

Der Auftrag an die ersten Jünger – und an uns?

Je nach konfessioneller Prägung sind Christen hierzulande entweder stark von den Sakramenten oder von der Verkündigung geprägt. Die katholische Kirche stellt die Eucharistie ins Zentrum, die evangelische sieht sich als „Kirche des Wortes“. Insgesamt ist uns aber in der westlichen Welt der Faktor *„Zeichen und Wunder“* verloren gegangen (Röm 15,19 | EÜ). Anders als Paulus, dessen Verkündigung durch *„das machtvolle Wirken von Gottes Geist“* (1 Kor 2,4; 4,20) begleitet war, erleben wir heute kaum noch konkrete Auswirkungen der *„Kraft“* des Heiligen Geistes. Dabei sind wir von Menschen umgeben, die dringend Heilung brauchen, Hilfe in seelischen Nöten, Befreiung von Zwängen, Abhängigkeiten, Ängsten und dergleichen. Suchen sie Antworten im Raum der Kirche?

Am Ende des zweiten Kapitels soll Ihnen dieser Kurs Mut machen, den Heilungsauftrag von Jesus wieder aufzunehmen. Gottes Geist ist derselbe wie zur Zeit der ersten Christen. Nirgendwo in der Bibel wird behauptet, dass Gott automatisch alle heilt oder nur Menschen mit „großem Glauben“ seine Hilfe erfahren. Nirgendwo werden Wunder als Ersatz für den Glauben angesehen, wohl aber als Einladung und „Brücke“ zum Glauben (vgl. Joh 4,39–42.53; 11,43–45). Wir können von uns aus ohnehin keine Wunder tun, denn das „Übernatürliche“ ist Gott vorbehalten (vgl. Apg 4,29–31; 10,38). Aber wir können uns in die Reihe der ersten Christen stellen, die im Vertrauen auf Gott für Kranke beteten, ihnen die Hände auflegten und sie mit Öl salbten, aber auch Sterbende begleiteten und Trauernde trösteten:

> *„Macht jemand von euch Schweres durch? Dann bete er!*
> *Erlebt jemand eine Zeit der Ermutigung? Dann singe er Loblieder!*
> *Ist jemand von euch krank? Dann bitte er die Ältesten der Gemeinde zu sich, damit sie für ihn beten und ihn im Namen des Herrn mit Öl salben. Ihr Gebet, im Glauben gesprochen, wird dem Kranken Rettung bringen; der Herr wird ihn seine Hilfe erfahren lassen. Und wenn er Sünden begangen hat, wird ihm vergeben werden. Darum bekennt einander eure Sünden und betet füreinander, damit ihr geheilt werdet“*
> (Jak 5,13–16).

Wenn wir uns mit Glauben und Liebe anderen Menschen zuwenden, wird Gott sich dazu stellen. Wir werden mehr sehen als das Menschenmögliche. Wir werden staunend erleben, wie wir mit Gott in der Kraft seines Geistes „auf Sendung“ sind. Wir werden an einer Bewegung teilhaben, die noch viele Menschen für Gott gewinnt: durch Worte und Taten, Zeichen und Wunder, Gaben des Geistes und seiner Kraft.

Im Anhang finden Sie eine Reihe von Berichten aus den ersten Jahrhunderten. Darin wird bezeugt, wie selbstverständlich Charismen, Heilungen und Wunder zum Alltag der frühen Christenheit gehörten.

PERSÖNLICH ERLEBT

Gebet in der Kinderklinik

Ein junges Ehepaar aus der Gemeinde, die beide etwa zwei Jahre zuvor ihr Leben Jesus anvertraut haben, bekommt nach längerer Wartezeit endlich den ersten Sohn. Das Kind muss gleich nach der Geburt in die Kinderklinik und wird künstlich ernährt, weil es keine richtige Speiseröhre hat. Zwischen Hals und Magen fehlt die Verbindung. Der junge Vater wendet sich an den Pfarrer und die Ältesten und sagt zu uns: „In Jakobus 5 steht: Wenn ihr über dem Kranken betet, dann wird er wieder gesund. Also kommt mit mir in die Kinderklinik und betet über meinem Sohn!" Wir hatten damals so gut wie keine Erfahrung mit dem Krankengebet nach biblischem Vorbild, aber was blieb uns anderes übrig?

Durch die Bitte des jungen Mannes wurde dieses Wort Gottes [Jakobus 5,13–16] aktuell für uns und wir mussten uns entscheiden, was wir mit diesem Wort anfangen. Jedenfalls fuhren wir zu fünft abends um zehn Uhr in die Kinderklinik und knieten uns um das Kinderbett, legten dem winzigen Baby die Hände auf und beteten für seine Heilung. Als ich anschließend nach Hause fuhr, fühlte ich mich gar nicht wie ein großer Glaubensheld, und ich denke, die anderen Ältesten auch nicht. Und trotzdem hat Gott eingegriffen: Am nächsten Morgen war das Kind vollkommen geheilt! Der Professor sagte: „Ich bin seit über 30 Jahren Arzt, aber so etwas habe ich noch nie erlebt. Wenn Sie sagen, Sie haben gebetet und Gott hat ein Wunder getan, dann muss ich das so akzeptieren; ich habe keine medizinische Erklärung dafür."

Wir sind noch im Kontakt mit der Familie dieses Jungen. Sie wohnen inzwischen in Norddeutschland, und seine Mutter sagte, ihr ältester Sohn hat sich prächtig entwickelt, ist kerngesund und beruflich erfolgreich. Wir beten weiter für Kranke, auch wenn in vielen Fällen zunächst scheinbar nichts geschieht.

Wolfgang und Marianne Peuster

Heilung statt Beerdigung

An einem Sonntagmorgen läutet mein Telefon. Ich bekomme die Nachricht, dass eine 86-jährige Frau wohl heute nach den Worten der behandelnden Ärztin sterben würde. Sie sei schon seit mehreren Tagen in Agonie, habe nichts mehr gegessen und getrunken und ihr Tod stehe unmittelbar bevor. Die ganze Familie sei versammelt, Sohn, Schwiegertochter, Enkelkinder und Urenkel. Ich teile der Schwiegertochter mit, dass ich kurz nach zwölf Uhr mittags kommen kann, da ich zuvor noch zwei Gottesdienste zu feiern habe.

Als ich mittags eintreffe, stehen wir alle traurig angesichts des nahenden Todes im Krankenzimmer um das Sterbebett herum. Ich bete Psalmen, die uns trösten sollen. Doch die beiden Urenkel, etwa vier und sechs Jahre alt, bitten mich inständig: „Herr Pfarrer, die Uroma darf nicht sterben! Die Uroma darf nicht sterben! Wir müssen für sie beten, dass sie wieder gesund wird!“ Ich denke mir: Ich stand schon an vielen Sterbebetten und ich sehe, dass diese Frau jetzt sterben wird. Aber weil die Kinder so nachhaltig auf mich einstürmen, bete ich auch ein Heilungsgebet für diese Frau. Ich bete ohne jeglichen Glauben, weil ich wahrnehme, dass es mit der Frau dem Ende zugeht. Schließlich beenden wir unser gemeinsames Gebet, ich verabschiede mich und verlasse das Haus.

Am nächsten Morgen erwarte ich den Anruf der Familie, dass die Oma gestorben ist und wir einen Termin für die Beisetzung vereinbaren werden. Aber es kommt kein Anruf. Auch die nächsten Tage nicht. Ich bin zutiefst verwundert. Einige Zeit danach erfahre ich: Unmittelbar nach unserem Heilungsgebet für die Sterbende, als ich noch dabei bin, das Haus zu verlassen, macht sie ihre Augen auf. Sie beginnt sich wieder zu regen und bittet ihre Angehörigen: „Gebt mir etwas zu trinken!“ Sie erholt sich zusehends und wird wieder völlig gesund.

Von da an hat sie auch wieder regelmäßig unsere Seniorennachmittage besucht, zu denen sie zu Fuß von ihrem Wohnhaus (etwa 500 Meter) zu unserem Gemeindezentrum selbstständig geht. Was war hier geschehen? Ich bin zutiefst überzeugt, es war das Gebet und es war der Glaube der Kinder, die Gottes heilende Kraft dieser sterbenden Frau zukommen ließen. Denn mein Glaube und mein Gebet waren es sicher nicht! Der Glaube der Kinder und ihr Gebet haben Gottes Hand für diese Frau bewegt. Diese Kinder haben mich als Pfarrer sehr beschämt, weil ich Gott nicht zugetraut habe, auch in dieser scheinbar ausweglosen Situation noch heilend zu wirken. Die erwähnte „sterbende“ Frau hat nach unserem Gebet noch volle zehn Jahre Lebenszeit geschenkt bekommen. Nach erfüllten Jahren mit guter Lebensqualität ist sie schließlich mit 96 Jahren verstorben.

Manfred Mitteregger

Zitiert nach: Manfred Mitteregger, Biblische Wege zu Gesundheit und Heilung (2019), S. 40–41

Gottes Wirken „am Ende der Welt“

Wo ist das Ende der Welt, wenn die Erde doch rund ist? Diese Frage bewegte mich, als ich noch jung war, wenn ich den Missionsbefehl las. 2007 war ich zum ersten Mal in Nordkorea, um dort eine deutsche Gruppe auf einer Gebetsreise durch das Land zu begleiten. Es schien mir so, als sei dort das Ende der Welt. Denn dieses Land ist ein großes Gefängnis. Es gibt für die Nordkoreaner normalerweise kein Rauskommen. Keinen Grenzübertritt in ein anderes Land. Keine Reisefreiheit, keine Verwandtenbesuche, keine Freiheit, wie sie für die meisten Menschen auf der ganzen Welt normal ist. Aber auch dort, wo es staatlich verboten ist, hat Gott viele, die ihn lieben und ihm vertrauen. Die Gemeinde Jesu lebt und wächst in Nordkorea, wenn auch im Verborgenen. Der Geist Gottes wirkt dort auf ganz besondere Weise. Eine Bibel zu besitzen, ist in diesem Land strengstens verboten. Nirgends kann man eine kaufen. Aber viele Christen haben dennoch eine Bibel. Gott hat Mittel und Wege, die unsere Fantasie übersteigen, um seine Kinder zu versorgen.

Eines Tages sprach der Geist Gottes zu einer Christin und sagte ihr: „Gehe auf eine Straße, die nach Süden führt, und nimm eine Bibel in deinem Rucksack mit. Gehe sehr lange geradeaus. Ich werde dir den Menschen zeigen, dem du sie geben sollst.“ Die Frau tat, was der Geist ihr gesagt hatte. Sie ging etliche Kilometer, eine lange Strecke, ohne jemandem zu begegnen. Dann sah sie von Weitem eine menschliche Gestalt, die ihr entgegenkam. Beim Näherkommen ließen die Umrisse einen Mann erkennbar werden. Er kam direkt auf sie zu und sprach sie an: „Hast du mir etwas mitgebracht?“ Die Frau wusste in dem Moment, dass der Geist Gottes sie zu ihm geführt hatte, um ihm die Bibel, das lebendige Wort Gottes, zu geben.

Dieses Ereignis aus heutigen Tagen erinnert an Berichte aus der Apostelgeschichte [vgl. Kap. 8–10]. Diese authentische Geschichte erzählte mir eine Frau, die als Flüchtling Nordkorea verlassen hat und jetzt in Südkorea lebt.

Margret Meier

Zitiert nach: Michael Bendorf (Hrsg.), Wo der Geist weht (2019), S. 258–259

GRUPPENGESPRÄCH

- Was ist mir bisher über meine Gaben bekannt?
  Wo habe ich bereits Gottes Kraft erlebt?
- Welche Erfahrungen in der Vergangenheit waren ermutigend,
  welche verunsichernd?
- Welche Gaben wünsche ich mir am meisten?
  Empfinde ich Abwehr gegenüber bestimmten Gaben oder Erfahrungen?

3

WIE LEBE ICH MIT DEM HEILIGEN GEIST?

Im ersten Kapitel dieses Kurses haben wir etwas Wesentliches über den Heiligen Geist entdeckt: Er kommt als Gottes Kraft zu uns und begegnet uns zugleich als unendlich liebende Person. Im zweiten Kapitel haben wir den Heiligen Geist näher kennengelernt und davon gehört, dass Gott sich gerne mit uns verbinden will: Unser Leben soll der Ort sein, an dem er wohnt. Möglich wird dies durch den Heiligen Geist. Die biblische Geschichte von Pfingsten berichtet uns, wie er auf die erste Gemeinde von Jesusjüngern herabkam, und *„alle wurden mit dem Heiligen Geist erfüllt“* (Apg 2,4). Diese Erfahrung können wir auch heute machen. Gottes Zusagen in der Bibel gelten jedem von uns.

Pfingsten wurde lange angekündigt: durch die Propheten des Alten Testaments, aber auch durch Jesus bei einem der großen Feste Israels.

3.1 SEHNSUCHT NACH DEM HEILIGEN GEIST

> *„Am letzten Tag des Festes, dem großen Tag, stellte sich Jesus hin und rief: Wer Durst hat, komme zu mir und es trinke, wer an mich glaubt. Wie die Schrift sagt: Aus seinem Inneren werden Ströme von lebendigem Wasser fließen. Damit meinte er den Geist, den alle empfangen sollten, die an ihn glauben“* (Joh 7,37–39 | EÜ).

Eigentlich hatte Jesus gar nicht vor, nach Jerusalem zu reisen. Seine Brüder hatten ihm geraten, publikumswirksam unter den Scharen von Festpilgern beim Laubhüttenfest aufzutreten (Joh 7,1–5.10.14). Jesus zögert, doch dann reist er später nach. Das **Laubhüttenfest** (hebräisch *Sukkot*) ist ein großes, fröhliches Familienfest, das bis heute im Herbst gefeiert wird **(mehr dazu unter WISSENSWERT in Kapitel 3.2)**. Als Überraschungsgast tritt Jesus plötzlich vor den versammelten Priestern im Tempel auf. Vermutlich passt er dazu die festliche Zeremonie des „Wasserschöpfens“ ab. Seine Worte erinnern an das alte Prophetenwort:

> *„Ihr werdet mit Freuden Wasser schöpfen aus den Quellen seines Heils!“* (Jes 12,3 | NLB).

Wasser ist schon im Alten Testament ein Bild für den Heiligen Geist, für das Geschenk eines neuen Lebens aus der Verbindung mit Gott (vgl. Jes 44,3; 55,1; 58,11). Und nun ruft Jesus der Menge zu: *„Wer Durst hat, soll zu mir kommen und trinken!“* Jesus selbst wird zur Quelle, aus der Gottes Heiliger Geist hervorgeht. Er ist derjenige, *„der mit dem Heiligen Geist tauft“* (Joh 7,37; 1,33). Die letzten großen Propheten Israels waren schon vor Jahrhunderten gestorben. Das Reden des Heiligen Geistes schien in Israel verstummt zu sein. Doch Gott hatte seit langer Zeit verheißen, eines Tages seinen Geist neu auszugießen ... Das Auftreten von Jesus weckte neue Hoffnung. In der Bevölkerung hieß es: *„Ein großer Prophet ist unter uns aufgetreten. Gott hat sich seines Volkes angenommen!“* (Lk 7,16).

Unserer Sehnsucht Raum geben

Jesus selbst wird zur Antwort auf die Gebete Israels. Er wird auch für uns zur Antwort, wenn wir unserem Bedürfnis nach echtem geistlichem Leben Raum geben. Auf seinen Reisen kam Jesus einmal an einem Brunnen ins Gespräch mit einer Frau, die innerlich schon länger auf der Suche war. Jesus versprach ihr:

> *„‚Wer aber von dem Wasser trinkt, das ich ihm geben werde, wird niemals mehr durstig sein. Das Wasser, das ich ihm gebe, wird in ihm zu einer Quelle werden, die unaufhörlich fließt, bis ins ewige Leben.‘ – ‚Herr, bitte gib mir von diesen Wasser!‘, sagte die Frau“* (Joh 4,14–15).

Jesus zeigt am Bild vom Wasser: Wir werden nicht nur selbst innere Erfüllung finden. Darüber hinaus wird in uns selbst eine *„Quelle“* entstehen, durch die wir geistliches Leben weitergeben können. Wer selbst Erfüllung erlebt hat, wird natürlicherweise „überfließen“. Tragen Sie auch diesen Wunsch in sich? Die Bibel ermutigt uns an vielen Stellen, unsere Sehnsucht Gott gegenüber auszudrücken:

> *„Wie der Hirsch nach Wasser dürstet, so sehne ich mich nach dir, mein Gott“* (Ps 42,2 | NLB; vgl. 63,2).

> *„Ich strecke meine Hände zu dir aus, meine Seele dürstet nach dir wie dürres Land nach Wasser“* (Ps 143,6).

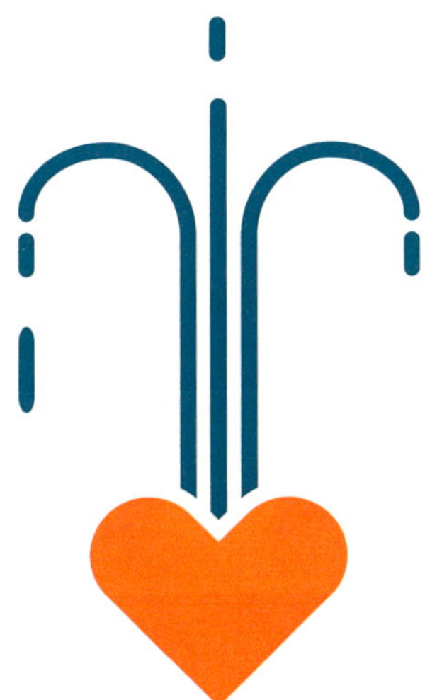

„Es macht eben einen Unterschied, ob einer bloß angerührt sei vom Heiligen Geist, oder ob er die Fülle des Geistes in sich wohnen hat."

Rudolf Bohren (1920-2010)

PERSÖNLICHE STILLE ODER AUSTAUSCH ZU ZWEIT

- Gibt es in mir so etwas wie Sehnsucht nach Gott?
  Wo wünsche ich mir mehr von ihm?
- Was ist mir bisher über den Heiligen Geist klar geworden?

BIBELTEXT

Wir lesen gemeinsam: Joel 3,1–5

- Joel kündigt – wie andere Propheten auch – den kommenden *„Tag des Herrn“* an, mit dem ein neues Zeitalter anbrechen wird. Die damit verbundene Vision ist erschütternd: Es kommt zum Gericht über alle Gottlosen, aber auch zur endgültigen Durchsetzung von Gerechtigkeit auf der Erde (Joel 1,5; 2,1; 4,14).
- Joel spricht vom *„großen und schrecklichen Tag“*, bei dem die Ordnung des Kosmos ins Wanken gerät (Joel 3,4 | EÜ; 4,15). Im Neuen Testament wird deutlich, dass Jesus zu diesem Zeitpunkt sichtbar wiederkommen wird (Mt 24,29–30). Zuvor aber soll es zur Ausgießung des Heiligen Geistes kommen, und zwar *„über alles Fleisch“* (V. 1 wörtlich).
- Ungewöhnlich für die damalige Gesellschaftsordnung ist die inklusive Sprache: Gottes Geist wird Männer und Frauen erfassen, alte und junge Menschen, Sklaven und freie Bürger! Im 20. Jahrhundert sind besonders durch die weltweite Pfingstbewegung Gemeinden entstanden, die sich nicht nur dem Wirken des Heiligen Geistes öffneten, sondern zugleich ihrer Zeit voraus waren durch die Überwindung sozialer Unterschiede.
- Gott verspricht, dass er seinen Geist umfassend *„ausgießen“* wird, also nicht nur über auserwählte Amtsträger wie Könige, Priester, Propheten des Alten Testaments. Mehr als 800 Jahre vor Jesus zeichnet sich ein neuer Modus ab, den Paulus später so beschreibt:

  „Denn wir alle – ob Juden oder Nichtjuden, Sklaven oder Freie – sind mit demselben Geist getauft worden und haben von derselben Quelle, dem Geist Gottes, zu trinken bekommen, und dadurch sind wir alle zu einem Leib geworden“ (1 Kor 12,13).

3.2 PFINGSTEN: DER HEILIGE GEIST FÜR ALLE

Lukas, von Haus aus Arzt, hat uns im Neuen Testament ein zweiteiliges Geschichtswerk hinterlassen: sein Evangelium und die Apostelgeschichte. Dieses zweite Werk hat er teilweise als Reisebegleiter des Paulus verfasst. Manche vermuten auch, dass er Maria, die Mutter von Jesus, persönlich gut kannte. Lukas war also ein Augenzeuge der ersten Generation. Die Nahtstelle zwischen seinem ersten und zweiten Bericht liegt genau **beim Übergang von Himmelfahrt zu Pfingsten** (Apg 1,1–2):

- Nach der Auferstehung versprach Jesus seinen Jüngern: *„Ich aber werde die Kraft aus der Höhe auf euch herabsenden, wie mein Vater es versprochen hat. Bleibt hier in der Stadt, bis ihr damit ausgerüstet werdet“* (Lk 24,49).
- Vor seiner Rückkehr in den Himmel gab Jesus ihnen nicht nur den Auftrag zu einer weltweiten Mission, er sagte ihnen auch den Beistand seines Geistes zu: *„Wenn der Heilige Geist auf euch herabkommt, werdet ihr mit seiner Kraft ausgerüstet werden, und das wird euch dazu befähigen, meine Zeugen zu sein“* (Apg 1,4–8).
- Nach dem Ereignis der Himmelfahrt blieb eine erste Gemeinde von etwa 120 Männern und Frauen in Jerusalem, und *„alle beteten anhaltend und einmütig miteinander“* (Apg 1,12–15). Zehn Tage später kam das Pfingstfest.

Für uns heißt das: Jesus möchte uns als seine Zeugen gebrauchen, aber er sendet uns nicht ohne den Beistand des Heiligen Geistes. Wie die Jünger damals müssen auch wir lernen, **bewusst auf Gott zu warten** und um *„die Kraft aus der Höhe“* zu bitten. Nichts ist anstrengender als der Versuch, aus eigener Kraft ein „guter Christ“ zu sein. Nichts ist auf Dauer enttäuschender als Gemeindearbeit, in der Gottes Geist keinen Raum hat, denn dann haben wir nur noch uns selbst. Jesus vergleicht diesen kraftlosen Zustand mit einer Fackel, die nicht brennen kann, weil ihr das Öl fehlt (Mt 25,1–3). Doch der Heilige Geist möchte uns persönlich erfüllen und in uns „brennen“. Diese Zusage gilt uns heute ebenso wie den ersten Christen damals.

BIBELTEXT

Wir lesen gemeinsam: Apostelgeschichte 2,1–13

Die Pfingstgeschichte der Bibel ist voller Symbolik. Lukas schildert das Kommen des Geistes anhand von Bildern, die wir bereits im zweiten Kapitel dieses Kurses (2.2) kennengelernt haben. Vieles erinnert dabei an die Erscheinungen Gottes vor Mose und Israel am Berg Sinai (vgl. 2 Mose/Ex 3,1–5; 19,16–20):

- Zunächst entsteht *„vom Himmel her ein Geräusch, wie wenn ein starker* ***Wind*** *weht, und das erfüllte das ganze Haus, in dem sie saßen"* (V. 2). Das Kommen des Geistes war offenbar auch außerhalb des Hauses akustisch wahrnehmbar (V. 6, *„dieses Geräusch"*).

- Dann erscheinen über den versammelten Jüngern *„sich verteilende Zungen wie von* ***Feuer****, und das setzte sich auf einen jeden von ihnen"* (V. 3). Man beachte das Wortspiel: Anschließend ist von *„Zungen"* im Sinne von *„Sprachen"* die Rede (V. 4.11). Daher kommt auch der Begriff „Zungenrede" in älteren Bibelübersetzungen.

- Von diesen Zeichen begleitet *„wurden alle mit dem Heiligen* ***Geist erfüllt****"* (V. 4). Gottes Geist kommt für jeden persönlich: sichtbar, hörbar, fühlbar!

- Als erstes auffälliges Merkmal für die Erfüllung mit dem Geist berichtet Lukas: Die Jünger *„begannen in anderen Sprachen zu reden, je nachdem was der Geist ihnen auszusprechen gab"* (V. 4).
  Von diesem ungewöhnlichen Ereignis sind die Diaspora-Juden aus aller Herren Länder angezogen, während sie sich zum Fest in Jerusalem aufhalten: *„Wie kommt es, dass wir alle [etwas] in dem Dialekt hören, den wir von Kind auf kennen?"* (V. 6–8).

- Dieses **Sprachenwunder** wurde von den Umstehenden wie eine der gängigen Fremdsprachen wahrgenommen. Anders als bei der Gabe der „Sprachenrede" brauchte es am Pfingsttag keine Deutung oder Übersetzung (vgl. 1 Kor 12,10; 14,13).

- Inhaltlich geht es dabei um **Lobpreis**: *„Wir hören, wie sie in unseren Sprachen von den großen Taten Gottes reden"* (V. 11).

Einige Beobachter hatten nur Spott übrig: *„Die sind wohl betrunken von Most!"* (V. 13; Apg 2, übersetzt von Klaus Haacker). Wie konnte es zu diesem **Vergleich mit Alkohol** kommen? Offenbar war die Gruppe der Jesusjünger derart ausgelassen, dass kritische Beobachter dies als übertriebene, feucht-fröhliche Schwärmerei einordneten. Später zieht Paulus diese bemerkenswerte Parallele zwischen Alkohol und Heiligem Geist:

> *„Trinkt euch keinen Rausch an, denn übermäßiger Weingenuss führt zu zügellosem Verhalten. Lasst euch vielmehr vom Geist Gottes erfüllen. Ermutigt einander mit Psalmen, Lobgesängen und von Gottes Geist eingegebenen Liedern …"* (Eph 5,18–19).

Der Heilige Geist ist offensichtlich in der Lage, Entspannung zu bewirken und Glücksgefühle zu vermitteln. Erfahrungen mit ihm können beglückend und geradezu berauschend sein. Selbst Martin Luther, der sich radikal von den „Schwärmern" seiner Zeit abgrenzte, formulierte in einer seiner Vorlesungen: *„Aber es ist auch heute notwendig für die ganze Kirche und für uns selbst, dass wir trunken werden vom Heiligen Geist."* Man kann also „gut reformatorisch" und zugleich „charismatisch" sein. Wichtig ist, dass wir aus der richtigen Quelle trinken.

> „Aber es ist auch heute notwendig für die ganze Kirche und für uns selbst, dass wir trunken werden vom Heiligen Geist."
>
> **Martin Luther (1483-1546)**

Warum ausgerechnet „Pfingsten"?

Es ist sicherlich kein Zufall, dass sich der Heilige Geist das jüdische **Wochenfest** für sein Kommen ausgesucht hat (hebräisch *Schawuot*). Das Wochenfest ist eins der drei großen jüdischen Feste und wird im Frühsommer gefeiert (unser heutiges *Pfingsten*). Dabei freut man sich über die ersten Erträge der Ernte **(ausführlicher unter WISSENSWERT)**. Hinter dem Bild der Ernte steht zugleich die prophetische Vision, dass Gottes Herrschaft sich einmal in allen Nationen ausbreiten wird. Lukas erwähnt verschiedene Bevölkerungsgruppen, die beim Wochenfest vertreten sind. Ihre Herkunft reicht von asiatischen Gruppen im Osten bis zum westlichen Mittelmeerraum, wo es jeweils jüdische Gemeinden gab. Pfingsten hat also eine völkerverbindende, internationale Dimension. Mit dem Sprachenwunder deutet sich eine neue Zeit an: Gott hat bereits Abraham und seine Nachkommen gesegnet, damit durch sie *„alle Völker der Erde Segen erlangen"* (1 Mose/Gen 12,3; 18,18; 28,14 | EÜ). Nun kommt dieser Segen zu Menschen aus allen Nationen. **Gottes Volk** erweitert sich über Israel hinaus, weil Jesusjünger aus anderen Kulturen hinzukommen (vgl. Mt 8,11). Am Ende der Zeiten wird *„eine riesige Menschenmenge aus allen Stämmen und Völkern, Menschen aller Sprachen und Kulturen"* vor Gottes Thron stehen und ihm die Ehre geben (Offb 7,9–10)!

Beim „Wochenfest" wurde in Israel zugleich gefeiert, dass Gott am Sinai seinen Bund mit Israel schloss. Es ist deshalb das „Fest der Bundesschlüsse". In der jüdischen Liturgie für Schawuot heißt es: *„Dieser Tag des Wochenfestes ist die Zeit des Empfangs unserer Thora."* Die Propheten hatten die Vision, dass Gott einmal einen **Neuen Bund** stiften würde: Alle sollten Gott persönlich erkennen, denn er würde seine Worte *„in ihr Innerstes hineinlegen und es auf ihre Herzen schreiben"* (Jer 31,33 | SLT). Dies geschieht nun durch die Erfüllung mit dem Heiligen Geist.

WISSENSWERT

Sukkot und Schawuot: große jüdische Feste

In Johannes 7 wird uns eine eindrückliche Szene geschildert, die sich beim Laubhüttenfest, hebräisch **Sukkot**, ereignet. Mit Schawuot und Pessach gehört es zu den drei Wallfahrtsfesten, zu denen jeder Jude nach Jerusalem reisen sollte (vgl. 5 Mose/Dtn 16,9–17; Joh 2,13). Im Herbst feierte man eine Woche lang **„Laubhütten"**. Dazu errichteten die Familien Hütten aus Palmzweigen und erinnerten sich an Gottes Versorgung während der vierzig Jahre, die Israel bei der Wüstenwanderung erlebte (vgl. 3 Mose/Lev 23,33–44). Nach Ende des Sommers wird an Sukkot das „Fest des Einsammelns", eine Art Erntedankfest, gefeiert. Diese Tradition ist heute noch in vielen jüdischen Familien lebendig. Im Talmud heißt es: *„Wer die Freude an der Stätte des Schöpfens nicht gesehen hat, hat seiner Lebtag keine Freude gesehen. ... Es gab kein Gehöft in Jerusalem, das nicht vom Licht der Stätte des Schöpfens erfüllt war"* (Mischna Sukka 5,1-4). In der Mischna heißt es: Wer die Zeremonien, die von Musik, Gesang und Tanz begleitet wurden, in seinem Leben nie gesehen hat, *„der hat niemals Jubel erlebt"* (Sukkot 5,1.4). Dort wird auch der Ritus des Wasserschöpfens beschrieben, auf den sich Jesus offensichtlich bezieht: *„Wer Durst hat, soll zu mir kommen und trinken!"* (Joh 7,37–39). Diese Sätze müssen zu einem Zeitpunkt, als Palmenzweige geschwungen, Psalmen gesungen, Trompeten geblasen und dann feierlich Wasser ausgegossen wurde, die ganze Festversammlung in Jerusalem tiefgreifend erschüttert haben. Jesus sagt auf dem Höhepunkt von Sukkot sinngemäß: Ich bin die Antwort auf die Jahrhunderte alten Gebete Israels und auf Gottes prophetische Zusagen! Zu den Lesungen im jüdischen Jahreskreis gehören an Sukkot die Worte aus dem Propheten Sacharja:

> *„In Jerusalem wird dann eine Quelle mit Leben spendendem Wasser entspringen."* Selbst den Völkern, *„die gegen Jerusalem gekämpft haben"* gilt die Zusage: *„Sie werden jedes Jahr gemeinsam nach Jerusalem ziehen, um dort das Laubhüttenfest mitzufeiern und den allmächtigen Gott als ihren HERRN und König anzubeten"* (Sach 14,8.16 | HFA).

Damit schließt sich der große Bogen von der Schöpfung bis zur Vollendung der Welt. Israel feiert das Laubhüttenfest als prophetisches Zeichen für die Erlösung der Völker, wenn der Messias kommt (vgl. Offb 21,23–26).

Dass der Heilige Geist ausgerechnet an **Schawuot**, dem jüdischen „Wochenfest" ausgegossen wurde, ist ebenfalls kein Zufall. Sieben Wochen nach dem Beginn von Pessach (das unserem Osterfest entspricht) sollten sich die Israeliten wiederum in Jerusalem versammeln. Vom griechischen Wort *pentekoste* (fünfzig Tage) kommt der Name **„Pfingsten"**. Beim Wochenfest wurden einerseits die ersten Früchte im Tempel dargebracht, es wurde also mit der „Erstlingsfrucht" der Beginn der Weizenernte gefeiert (vgl. 3 Mose/Lev 23,15–21). Zu Pfingsten deutet sich prophetisch an, was später im Verlauf der Apostelgeschichte immer deutlicher wird: Gott nimmt die Völker in seinen Bund mit Israel auf. Nicht zufällig wird das Buch Ruth als Festrolle an Schawuot gelesen, weil es genau davon erzählt (vgl. Rut 1,4.16; 2,11–12; 4,11-12). Paulus spricht später von einer neuen Menschheit, einer *„Familie Gottes"*, einer Art *„Hausgemeinschaft"* aus Juden und Nichtjuden (Eph 2,11–19; vgl. Offb 21,3.24).

Andererseits erinnerte man sich beim Wochenfest an den Empfang der Thora durch Mose am Sinai. Doch nun ist mit dem Messias ein neuer „Gesetzgeber" aufgetreten: *„Diesen Jesus hat Gott auferweckt"*, betont Petrus in seiner Pfingstpredigt. *„Zur Rechten Gottes erhöht, hat er vom Vater den verheißenen Heiligen Geist empfangen und ihn ausgegossen, wie ihr seht und hört"* (Apg 2,32–33 | EÜ). Durch ihn tritt zugleich der neue Bund in Kraft, von dem die Propheten sprachen:

> *„Ich werde ihr Denken mit meinem Gesetz* (Thora) *füllen, und ich werde es in ihr Herz schreiben. Und ich werde ihr Gott sein und sie werden mein Volk sein"* (Jer 31,31–34 | NLB).

Was löste Pfingsten damals aus? Und heute?

Die Predigt des Petrus inmitten dieser spektakulären Ereignisse war vermutlich nicht so spontan, wie man vermuten würde. Denn die Jünger hatten nach der Auferstehung von Jesus eine ausführliche Unterweisung erhalten (vgl. Lk 24,44–45; Apg 1,3). So konnte Petrus sofort einordnen, was hier geschah. Seine Zuhörer kamen zwar aus allen möglichen Völkern und Regionen, aber sie alle waren Juden, die zum Fest nach Jerusalem gepilgert waren. Deshalb kann er ihren Blick sofort auf das alte Prophetenwort aus Joel 3 lenken. Die Jahrhunderte alten Erwartungen Israels treffen jetzt wie in einem Brennglas zusammen. Petrus' Worte sind so überzeugend, dass die Zuhörer mit großer **Betroffenheit** reagieren (wörtlich: *„es durchbohrte ihr Herz"*) und die einzig richtige Frage stellen: *„Was sollen wir jetzt tun?"* (Apg 2,37).

In der Folge kommt es zum ersten großen **Wachstumsschub** der Jesusbewegung: *„Viele nahmen die Botschaft an … und ließen sich taufen. Durch Gottes Wirken wuchs die Gemeinde an diesem Tag um etwa dreitausend Personen"* (Apg 2,41).

Für uns, die mehrheitlich nicht den jüdischen Hintergrund mitbringen, hat Pfingsten dennoch eine bleibende Bedeutung. Wir können Pfingsten allerdings genauso wenig kopieren, wie es sich damals nicht konservieren ließ. Wir müssen auch nicht auf ein „neues Pfingsten" warten. Was wir jedoch brauchen, ist dieselbe **geistliche Ursprungserfahrung**. Denn Pfingsten eröffnet ein neues Zeitalter des Geistes. Was bedeutet das?

- Durch das Kommen des Heiligen Geistes wird Jesus ins Zentrum gerückt. Sein Sterben am Kreuz und seine Auferstehung vom Tod bekommen jetzt ihren wahren Sinn:

  „Ja, diesen Jesus hat Gott auferweckt; wir alle sind Zeugen dafür"
  (Apg 2,22–24.32).

- Es ist Jesus selbst, der den versprochenen Geist vom Himmel gesandt hat (V. 33). Ohne Beziehung zu ihm hat auch der Heilige Geist keinen Raum in uns. Deshalb ist unser persönlicher Glaube von entscheidender Bedeutung:

  „Jeder, der … den Namen des Herrn anruft, wird gerettet werden",
  zitiert Petrus den Propheten Joel (Apg 2,21; vgl. 4,12).

- Das sichtbare Zeichen einer persönlichen Glaubensentscheidung ist die Taufe. Für die Juden, die sich damals taufen ließen, war sie ein Zeichen ihrer Hinwendung zu Jesus. Heute ist sie für Menschen aus anderen Kulturen ebenso ein biografischer Einschnitt, der ihnen manchmal viel abverlangt (vor allem in Ländern, wo auf Religionswechsel die Todesstrafe steht). Bei unseren unterschiedlichen konfessionellen Traditionen (Taufe von Kindern oder Erwachsenen) bleibt entscheidend, dass es auch in unserem Leben diesen Schritt der Umkehr zu Gott gibt. Damit beginnt unser neues Leben in der Beziehung zu Gott.

„Kehrt um ... und jeder von euch lasse sich auf den Namen von Jesus Christus taufen! Dann wird Gott euch eure Sünden vergeben, und ihr werdet seine Gabe, den Heiligen Geist, bekommen“ (Apg 2,38).

- Dieser Vers gibt uns so etwas wie ein Muster für die wesentlichen Erfahrungen im Leben als Christ. Natürlich vollzieht sich geistliche Erfahrung in einzelnen Schritten und nicht nach festem Schema. **Jeder Lebensweg ist einzigartig.** Dennoch ist es von entscheidender Bedeutung, dass alle diese Elemente früher oder später in unserem Leben vorkommen:
  - persönlicher Glaube und Schritte der Umkehr (Bekehrung, Lebenshingabe),
  - die Erfahrung der Vergebung (Bekenntnis, Beichte),
  - der Entschluss zur Taufe im bzw. mit Wasser (oder das nachträgliche „Ja“ zur Taufe),
  - die Erfüllung mit dem Heiligen Geist.

Überraschende Begleiterscheinungen

Wenn der Heilige Geist in unserem Leben zu wirken beginnt, werden auch wir Begleiterscheinungen erleben, durch die sich unser Leben tiefgreifend verändert:

- Die Jesusjünger damals wurden **von Freude erfüllt** und fingen an, Gott freimütig zu loben (Apg 2,11.46-47). Der Heilige Geist möchte auch uns auf der emotionalen Ebene berühren und ein neues Lied der Dankbarkeit in uns bewirken (vgl. Ps 96,1–3).
- Obwohl die Jünger nach der Kreuzigung ihres Lehrers selbst mit Verfolgung rechnen mussten, traten sie nun als **mutige Zeugen** auf (vgl. Apg 5,32). Gott macht auch uns durch seinen Geist von Angst und Einschüchterung frei und lässt uns in Fragen des Glaubens sprachfähig werden.

- Das wohl auffälligste Merkmal der Geistausgießung war bei den Jüngern ihr **Reden in Sprachen**. Manche übersetzen auch *„Reden in Zungen"*, weil das griechische Wort *glossa* sowohl „Sprache" als auch „Zunge" bedeutet. Daher stammt das Fremdwort Glossolalie. Durch dieses Zeichen kommunizierte der Geist direkt mit den Menschen unterschiedlicher Herkunft, sodass sie erlebten: Gott spricht unsere Sprache! Zugleich öffnete sich hier eine neue Form des Lobpreises: spontan, intuitiv und unabhängig von liturgischen Formen **(mehr dazu im Abschnitt 3.5)**.

Petrus zitiert in seiner Botschaft als Erstes den Propheten Joel, durch den Gott verspricht: *„Ich werde meinen Geist ausgießen über alles Fleisch"* (Joel 3,1 | EÜ). Was ist damit gemeint? Der Begriff „Fleisch" ist im Gebrauch der Bibel mehrschichtig:

- „Fleisch" meint (vor allem im Alten Testament) zunächst unseren **natürlichen Menschen**, den Gott einzigartig geschaffen hat. Zum Menschsein zählen unsere Bedürfnisse, unsere Begrenzungen, unsere Vergänglichkeit (vgl. 1 Mose/Gen 6,3.17; 9,11). In Jesus nahm Gott selbst unser *„Fleisch"* an, indem er ein Mensch wie wir wurde (Joh 1,14). Gott stellt sich zu dem, was er geschaffen hat.

  Im Blick auf den Heiligen Geist bedeutet das: Wir müssen nicht erst besonders „heilig" sein, damit Gott uns mit seinem Geist erfüllt. Er kommt als Geschenk, nicht als Belohnung. Zugleich stellt sich der Geist zu unserem Naturell und wird uns niemals fremdbestimmen. Allerdings gibt es nicht „Heiligen Geist pur": Sein Wirken geschieht *an* uns und *durch* uns und lässt sich insofern niemals von unserer Persönlichkeit mit all ihren Gaben und Grenzen trennen.

- „Fleisch" wird aber auch (im Neuen Testament) als Kontrahent zum „Geist" beschrieben und meint dann den **ichbezogenen Menschen**. Unsere Natur neigt dazu, sich absolut zu setzen und sich gegen Gott aufzulehnen. So steht das Stichwort „Fleisch" im Neuen Testament oft symbolisch für den menschlichen Hang zur Sünde. Hier kommt es zu einem inneren Kampf, den der Heilige Geist in uns aufnimmt und gewinnen möchte. Deshalb fordert Paulus auf:

  „Lasst den Geist Gottes euer Verhalten bestimmen, dann werdet ihr nicht mehr den Begierden eurer eigenen Natur nachgeben", bzw. *„… so werdet ihr das Begehren des Fleisches nicht erfüllen"* (Gal 5,16 | NGÜ bzw. LUT).

Veränderung ist also möglich! Doch sie beginnt damit, dass wir Gottes Heiligen Geist bewusst in unser Leben einladen, ihm Raum geben und ihn wirken lassen. Mit Pfingsten ist uns eine Art Zugangscode geschenkt, der eine **Verbindung zur himmlischen Dimension** ermöglicht:

> *„Denn diese Zusage gilt euch und euren Nachkommen und darüber hinaus allen Menschen auch in den entferntesten Ländern – allen, die der Herr, unser Gott, zu seiner Gemeinde rufen wird“* (Apg 2,39; vgl. 3,19).

„Niemand kann ein wahrer Christ sein ohne die Inspiration des Heiligen Geistes, der sein Herz mit Frieden, Freude und Liebe füllt.“

John Wesley (1703-1791)

3.3 LEBEN IN DER FÜLLE DES GEISTES

Pfingsten war eine Art Initialzündung: Der Heilige Geist ist *„ausgegossen"* wie frisches Wasser, wie eine Strömung, die nicht mehr aufzuhalten ist. Lukas hinterließ uns seine „Apostelgeschichte" (wörtlich: *„Taten"*, die *„Praxis"*) als ein Buch des Heiligen Geistes. Insgesamt rund 50-mal wird er dort erwähnt, und zwar nicht nur als **Kraftquelle**, sondern als **handelnde Person**. Unsichtbar, aber stets spürbar führt er die Regie bei der Ausbreitung des Evangeliums. So schildert Lukas, wie der Heilige Geist …

- *„spricht"* und *„bezeugt"*: durch klare Gedanken, innere Stimmen, Gewissheit (Apg 8,29; 10,19; 11,12; 20,23; 21,11),
- ihm etwas *„gefällt"*, also unter seiner Leitung Entscheidungen getroffen werden (Apg 15,28),
- Menschen *„aussendet"* und *„einsetzt"* (Apg 13,4; 20,28),
- bestimmte Pläne *„verhindert"* bzw. *„nicht zulässt"* (Apg 16,6–10).

So persönlich haben die ersten Zeugen den Heiligen Geist erlebt. Wie ein Navigator führt er sie, optisch, akustisch, intuitiv erkennbar, von Jerusalem über Athen bis nach Rom. Hier endet die Apostelgeschichte – übrigens bewusst mit dem Wort *„ungehindert"* (28,31). Von Paulus ist anzunehmen, dass er seine Reisen bis *„Spanien"*, zum westlichen Rand des Römischen Reiches, fortsetzte (Röm 15,24.28). Binnen einer Generation hatten sich die Zeugen des Auferstandenen *„bis ans Ende der* [damals bekannten] *Erde"* ausgebreitet, wie Jesus es vorhergesagt hatte (Apg 1,8):

> *„Wir sind Zeugen für das alles – wir und der Heilige Geist, den Gott denen gegeben hat, die ihm gehorchen"* (Apg 5,32).

Mission ist also Kooperation mit dem Heiligen Geist. **Mission ist das Wesen der Kirche**: Sie ist Gottes Agentur auf der Erde. Sie ist *„gesandt"*, den auferstandenen Christus überall mit Worten und Taten zu bezeugen. Aber dafür braucht sie *„Kraft aus der Höhe"* (Lk 24,46–49). Bis heute erreicht die Jesusbewegung immer weitere Teile der Erde; immer neue Zielgruppen öffnen sich für die gute Nachricht. Auch wir dürfen an der beglückenden Erfahrung teilhaben, dass Gott durch seinen Geist Menschen verändert!

Pfingsten und die Fortsetzung der Geschichte

Pfingsten war ein Anfang, ein einmaliges Erlebnis, und doch setzt sich die Erfahrung fort, dass der Heilige Geist Menschen erfüllt. Wie die Apostel damals stehen auch wir immer neuen Herausforderungen gegenüber. Wir laufen leer, reiben uns auf, kommen an die Grenzen unserer eigenen Möglichkeiten. Vergessen wir nicht: Die Mission der ersten Zeugen war phasenweise lebensgefährlich und forderte bald schon die ersten Märtyrer (vgl. Apg 7,58; 8,1–3; 12,1–2). Gerade vor diesem Hintergrund betont Lukas, dass die Verantwortlichen der frühen Gemeinde *„vom Heiligen Geist erfüllt"* waren und in seiner Kraft auftraten (Apg 4,8; 6,3.5; 7,55; 11,24; 13,9.52).

Lukas berichtet von **mehreren Schlüsselerfahrungen**, die im Zusammenhang mit **der Erfüllung durch den Heiligen Geist** stehen. Bemerkenswert ist dabei folgende Beobachtung: Wenn die Missionsbewegung in eine neue Phase kommt und weitere Kulturkreise erschlossen werden sollen, kommt es jeweils zu neuen Wirkungen des Geistes. So wird gerade an den Nahtstellen in der Apostelgeschichte deutlich, wie sehr die frühe Kirche vom Wirken des Heiligen Geistes lebte.

> „Das Erfülltwerden mit dem Heiligen Geist ist eine Erfahrung, die häufiger Wiederholung bedarf. … Die Gabe des Heiligen Geistes empfangen, heißt nicht, einen neuen Geist zu empfangen, sondern denselben Geist auf eine neue Art. … Bei der Taufe mit dem Heiligen Geist nimmt der Heilige Geist in bewusster Weise vollständigen Besitz von dem Menschen.."

Reuben Archer Torrey (1856-1928)

ZUR VERTIEFUNG

Geisterfüllung hört nicht auf

- Nach einer öffentlichen Heilung am Eingang zum Tempel **in Jerusalem** werden die Apostel inhaftiert, von den Ratsältesten verhört und massiv eingeschüchtert. Daraufhin schließen *„sich alle gemeinsam und einmütig"* zum Gebet zusammen (Apg 4,24). Lukas bezeugt, wie Gott souverän antwortet und die versammelte Gemeinde ermutigt:

  „Nachdem sie in dieser Weise gebetet hatten, bebte die Erde an dem Ort, an dem sie versammelt waren. Sie wurden alle mit dem Heiligen Geist erfüllt und verkündeten die Botschaft Gottes weiterhin frei und unerschrocken" (Apg 4,31).

- Ausgelöst durch den gesetzestreuen Pharisäer Saulus, einem erklärten Gegner des Glaubens an Jesus, kommt es zur Verfolgung der Gemeinde in Jerusalem. Etliche verlassen die Stadt und tragen dadurch das Evangelium weiter hinaus ins Land. Auch **in Samaria** öffnen sich Menschen für die Botschaft von Jesus, begleitet von eindrucksvollen Wundern und Heilungen (Apg 8,1–6).

  Petrus und Johannes reisen von Jerusalem dorthin *„und baten Gott, ihnen* [den Samaritanern] *den Heiligen Geist zu geben. Denn bis zu diesem Zeitpunkt war der Heilige Geist noch auf keinen Einzigen von ihnen herabgekommen; sie waren nur auf den Namen von Jesus, dem Herrn, getauft. Nach dem Gebet legten Petrus und Johannes ihnen die Hände auf, und jetzt bekamen auch sie den Heiligen Geist"* (Apg 8,15–17).

  Aus der anschließenden Reaktion geht hervor, dass es bei der Erfüllung mit dem Heiligen Geist offenbar auffällige Begleiterscheinungen gab, ähnlich wie am Pfingsttag. Das machte Menschen neugierig und schied zugleich die Geister (Apg 8,18–23). Erstaunlich: Gott gießt seinen Geist sogar auf die Samaritaner aus und hebt dadurch die Jahrhunderte alte Spaltung des Volkes Israel zwischen Judäa und Samaria auf. Jesus hatte diesen Bevölkerungsteil schon länger im Blick (Joh 4,39–42; Apg 1,8).

- Eine weitere Nahtstelle ist der Besuch des Petrus bei einem römischen Offizier **in Cäsarea**. Lukas schildert dieses faszinierende Zusammentreffen, das von Gott durch mehrere Visionen, eine Engelerscheinung und direkte Impulse des Heiligen Geistes präzise vorbereitet wurde (Apg 10,1–23).

Obwohl es bei vielen Juden Berührungsängste gegenüber den „Heiden" gab, überspringt Petrus diese kulturelle Schwelle (Apg 10,28). Dabei trifft er zu seiner Überraschung auf vorbereitete Menschen:

„Während Petrus noch über diese Dinge sprach, kam der Heilige Geist auf alle herab, die seine Botschaft hörten. Die Gläubigen jüdischer Herkunft, die Petrus nach Cäsarea begleitet hatten, waren außer sich vor Verwunderung, dass die Gabe Gottes, der Heilige Geist, auch über Nichtjuden ausgegossen wurde. Sie hörten nämlich, wie die Versammelten in geistgewirkten Sprachen redeten und Gott für seine Größe priesen" (Apg 10,44–46).

Hier ereignet sich in einem römischen Haushalt unter Menschen, die sicherlich schon mit dem Judentum sympathisierten, noch einmal „Pfingsten für die Heiden". Petrus zieht aus diesem souveränen Kommen des Geistes die Konsequenz:

„Wer hätte jetzt noch das Recht, diesen Leuten die Taufe zu verweigern – jetzt, wo sie genau wie wir den Heiligen Geist empfangen haben?" (Apg 10,47).

Später erkennt die jüdisch geprägt Urgemeinde an: Gott hat auch Nichtjuden *„dieselbe Gabe geschenkt wie uns"* (Apg 11,15-17).

- Schließlich ist es Paulus, der **in Ephesus** eine Gruppe von *„Jüngern"* trifft, die offenbar aus der Taufbewegung des Johannes stammten und entsprechend nur *„die Taufe des Johannes"* empfangen hatten (Apg 19,1–5). Paulus klärt sie auf, dass inzwischen Jesus gekommen ist und der Heilige Geist nun *in der Gegenwart* wirkt:

  „Als sie das hörten, ließen sie sich auf den Namen von Jesus, dem Herrn, taufen. Und als Paulus ihnen dann die Hände auflegte, kam der Heilige Geist auf sie herab, und sie redeten in geistgewirkten Sprachen und machten prophetische Aussagen" (Apg 19,5–6).

Diesen Fortsetzungsgeschichten von Pfingsten ist gemeinsam, dass der Geist sich bei seinem Kommen hörbar und teilweise wohl auch sichtbar äußert. Die **Geistesgaben** Sprachenrede (Glossolalie) und Prophetie treten als **Markenzeichen** immer wieder auf und stehen für die Erfahrung der „Geistausgießung" **(mehr dazu im Abschnitt 3.6 und unter WISSENSWERT im Kapitel 2.6)**.

Ein Geist – vielfältige Begriffe

Die Tabelle zeigt im Überblick verschiedene Stationen im Leben der frühen Gemeinde, an denen der Heilige Geist konkret erfahrbar wird. Die Begriffe sind dabei vielfältig, doch der Heilige Geist ist derselbe:

Bibelstellen	Begriffe
Apg 2,4; 4,31	„sie wurden alle mit dem Heiligen Geist *erfüllt* ..."
Apg 9,17	„damit du ... mit dem Heiligen Geist *erfüllt* wirst ..."
Apg 8,15.17	„sie *empfingen* den Heiligen Geist ..."
Apg 10,47	„die den Heiligen Geist *empfangen* haben ..."
Apg 19,2	„Habt ihr den Heiligen Geist *empfangen* ...?"
Apg 8,18	dass „der Geist *gegeben* wurde ..."
Apg 8,16	der Heilige Geist „war ... *gefallen* ..."
Apg 10,44	„... *fiel* der Heilige Geist auf alle ..."
Apg 11,15	„... *fiel* der Heilige Geist auf sie ..."
Apg 10,45	dass „die Gabe des Heiligen Geistes *ausgegossen* war ..."
Apg 19,6	„... *kam* der Heilige Geist auf sie ..."

„Lasst euch vom Geist erfüllen!"

Manchmal wird die Lehraussage betont, dass man als Christ den Heiligen Geist „hat". Tatsächlich sagt Paulus einmal: *„Wenn jemand den Geist Christi nicht hat, gehört er nicht zu Christus"* (Röm 8,9). Dieser Bibelvers drückt die Gewissheit aus, dass der Heilige Geist in jedem Menschen wohnt, der zu Jesus Christus gehört. Nur durch ihn kommt es zur *„neuen Geburt"* (oder „Wiedergeburt"), zum **Geschenk** des neuen und *„ewigen"* Lebens (vgl. Joh 3,3–6; 5,24). Daneben steht allerdings auch die Aussage, dass wir uns immer neu nach der Fülle des Geistes ausstrecken sollen:

> *„Lasst euch ... vom Geist erfüllen!"* (Eph 5,18). Das griechische Verb beschreibt kein abgeschlossenes Ereignis, sondern ein fortgesetztes Geschehen: *„Werdet immer wieder aufgefüllt vom Geist!"* (wörtlich).
>
> *„Unterdrückt nicht das Wirken des Heiligen Geistes!"* (1 Thess 5,19 | NeÜ). Wörtlich ist gemeint: *„Löscht nicht aus"* (das Feuer des Geistes)!
>
> An anderer Stelle beschreibt Paulus das Leben im Heiligen Geist so: *„In der Hingabe zögern wir nicht, im Geist brennen wir, dem Herrn dienen wir ..."* (Röm 12,11 | ZB).

Gott schenkt uns seinen Geist ohne Gegenleistung. Wir können ihn nur durch Glauben *„empfangen"* (Gal 3,2 | HFA). Dass wir dieses Geschenk annehmen und gut damit umgehen, ist unsere **Verantwortung**. *„Wir sollten weniger darauf achten, wie viel wir vom Heiligen Geist haben, als darauf, wie viel der Heilige Geist von uns hat. Ordnen Sie sich täglich seiner Führung unter und schöpfen Sie ständig aus seiner Kraft!"* (Neues-Leben-Studienbibel: Anmerkung zu Eph 5,18). Beim Heiligen Geist geht es also nicht um ein „Etwas", das wir besitzen, sondern um eine Beziehung, in die wir immer mehr hineinwachsen dürfen.

„Lass einige Christen – es müssen nicht viele sein – selbst mit Gott gründlich in Ordnung kommen. Lass diese Menschen sich verbinden, um gemeinsam zusammen für Erweckung zu beten, bis Gott die Himmel öffnet und herabkommt. Lass diese Menschen sich Gott zur Verfügung stellen, sodass er sie benutzen kann, um andere für Christus zu gewinnen, wie Er es für angemessen hält."

Reuben Archer Torrey (1856-1928)

3.4 KEIN STREIT UM BEGRIFFE!

Wir haben anhand der Apostelgeschichte einige Schlüsselmomente betrachtet, die der ursprünglichen Geistausgießung an Pfingsten folgten. Jeweils wird der Geist bewusst erlebt, er wird *„gegeben"* oder *„empfangen"*, Menschen werden *„mit dem Heiligen Geist erfüllt"*. Es gibt also ein deutliches Vorher und Nachher. Die Apostel gehen nicht einfach von einer allgemeinen Gegenwart des Geistes aus, sondern erbitten und erwarten ihn für die jeweils neue Situation. Wenn es heißt, dass er *„ausgegossen"* wird oder *„herabkommt"*, meint dies ein dynamisches Geschehen! Der Heilige Geist ist kein bloßer Gedanke, nicht nur Gefühl, sondern die Bewegung Gottes zu uns Menschen hin:

> *„Durch die Person des Heiligen Geistes möchte Gott Ihnen näher sein als irgendeine andere Person auf dieser Welt. Er ... kann hingehen, wo sonst kein Mensch hingehen kann, nämlich in das Innere unserer Seele und unseres Geistes. Er ist nicht begrenzt durch Zeit oder Raum"*
> (John Bevere).[6]

HINWEIS

Der folgende Abschnitt kann aus Zeitgründen weggelassen werden. Für Kursleiter/innen bietet er eine Hilfestellung, sich die verschiedenen Hintergründe der Teilnehmenden klarzumachen und möglicherweise im Referat darauf einzugehen. Dieser Kurs soll die jeweilige Glaubensgeschichte ernst nehmen und Menschen mit unterschiedlichen Voraussetzungen die Brücke bauen zu einer authentischen Erfahrung.

Unterschiedliche kirchliche Traditionen

Die Apostelgeschichte – und damit der Weg der Kirche – beginnt mit Himmelfahrt und Pfingsten: Der Heilige Geist ist ein für alle Mal *„ausgegossen über alles Fleisch"*. Dennoch schenkt Gott uns seinen Geist immer wieder neu, wenn wir ihn darum bitten (Lk 11,13). Doch wie passen diese biblischen Aussagen und Zusagen zu unseren kirchlichen Traditionen?

- Manche Menschen wurden **als Kind getauft**, weil ihre Eltern oder Großeltern der kirchlichen Tradition verbunden waren. Wenn sie später zum persönlichen Glauben finden, können sie nachträglich zu ihrer Taufe Ja sagen (der ursprüngliche Sinn der Konfirmation ist **„Bestätigung"** der Taufe). In einigen Freikirchen kommt es zur Wiederholung der Taufe im Erwachsenenalter. Evangelische und katholische Kirchengemeinden praktizieren mancherorts eine „Tauferinnerung".
- Biblische Lehre über den „dritten Glaubensartikel" findet sich leider nur bei wenigen Gemeinden im Programm. In der Regel wird der Geist einfach als vorhanden vorausgesetzt. Wenn Menschen durch Predigten, Kurse oder Konferenzen **ein neues Verständnis über den Heiligen Geist** bekommen, wächst oftmals ihre Sehnsucht nach persönlichen geistlichen Erfahrungen.
- In diesem Kapitel unseres Kurses laden wir Sie ein, sich bewusst für den Heiligen Geist zu öffnen, ihn im Gebet einzuladen und in Ihrem Leben willkommen zu heißen. Vielleicht geschieht dies zum ersten Mal, vielleicht ist diese Einladung ein Schritt zur Erneuerung Ihres Glaubenslebens.
- Einige Menschen sind grundsätzlich **offen für spirituelle Erlebnisse**. Vielleicht sind sie von der Welt des Übersinnlichen fasziniert oder fühlen sich zu esoterischen Angeboten hingezogen. Wenn sie nun im christlichen Kontext von geistlichen Realitäten hören und sich für den dreieinigen Gott der Bibel öffnen, kann es zur Entscheidung für die Taufe kommen. Dabei dürfen wir zugleich darum beten, dass sie vom Heiligen Geist erfüllt werden.

Der Weg des Glaubens

Der Weg des christlichen Glaubens lässt sich anhand der **großen kirchlichen Feste** gut nachvollziehen. Entscheidend ist dabei jedoch, dass dies auch zu unserem persönlichen Glaubensweg wird:

- **Karfreitag**: Jesus starb am Kreuz für die Sünde der Welt.

  Ich werde vom Heiligen Geist berührt und erkenne, dass ich Vergebung brauche. Ich bin von Gott angenommen und meine Beziehung zu ihm wird neu. Dies nennt die Bibel Gnade.

- **Ostern**: Jesus hat den Tod besiegt und ist auferstanden.

  Nun kann auch ich dem Auferstandenen begegnen. Durch ihn empfange ich neues, ewiges Leben, dem der Tod nichts anhaben kann. Jesus sprach von einer *„neuen Geburt“* (Joh 3,3–7). Der Heilige Geist vermittelt mir die Gewissheit, dass Christus auch in meinem Herzen lebt.

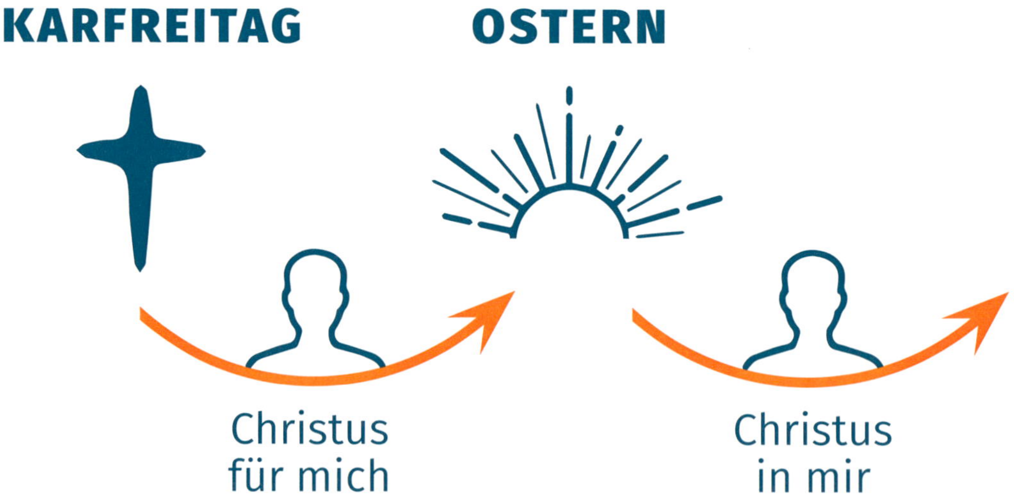

KARFREITAG
OSTERN
Christus für mich
Christus in mir

- **Pfingsten**: Gott sendet seinen Heiligen Geist und wirkt erneuernd in dieser Welt.

  Jesus hat durch sein Leben eine Bewegung ausgelöst, die seit 2000 Jahren Menschen verändert. Ich darf mich dieser Bewegung des Lebens anschließen und erfahre, wie der Heilige Geist mich verändert und durch mich wirkt.

  „Als aber die Güte und Menschenfreundlichkeit Gottes, unseres Retters, erschien, ... rettete er uns durch das Bad der Wiedergeburt und durch die Erneuerung im heiligen Geist“ (Tit 3,4–5 | ZB).

In diesem Vers sehen wir noch einmal, wie Taufe (*„Bad der Wiedergeburt“*) und Geisterfüllung zusammengehören. Das biblische Stichwort von der ***„Erneuerung im Heiligen Geist“*** hat einer ganzen Bewegung ihren Namen geben: „Charismatische Erneuerung“ ist seit den 1970er Jahren zu einem weltweiten Markenzeichen in der katholischen Kirche geworden.

PFINGSTEN

ZUR VERTIEFUNG

Geistestaufe – ein Begriff der Bibel?

In ihren theologischen Texten betont die „Charismatische Erneuerung" (CE): *„Christ zu werden bedeutet, im Namen Jesu Christi getauft zu werden und die wahrnehmbare Ausgießung des Heiligen Geistes zu empfangen. Dies ist normalerweise eine einzige Realität, aber aufgrund verschiedener Umstände kann eines ohne das andere geschehen. In diesem Fall muss das Fehlende, sei es die sakramentale Taufe oder die Pfingsterfahrung, ergänzt werden."*[7]

Vor allem durch die Pfingstbewegung, die sich seit 1901 weltweit ausbreitete, wurde der Begriff ***„Taufe im Heiligen Geist"*** oder *„Geistestaufe"* populär. Allerdings sprach bereits Charles G. Finney (1792–1875) von seiner persönlichen *„Taufe mit dem Heiligen Geist"*. Auch John Wesley (1703–1791) erlebte eine geistliche Schlüsselerfahrung als *„Pfingsttag"*. Und die Erweckung in Herrnhut beim Grafen von Zinzendorf im Jahr 1727 wurde als *„Tag der Ausgießung des Heiligen Geistes über die Gemeinde"* beschrieben. Die Charismatische Bewegung in der katholischen Kirche spricht von der entscheidenden Erfahrung der *„Taufe im Heiligen Geist"* und stützt sich für diesen Begriff auf Äußerungen der frühen Kirchenväter. Die „Geistliche Gemeinde-Erneuerung" (GGE) in der evangelischen Kirche bzw. in den evangelisch-freikirchlichen Gemeinden bevorzugt Begriffe wie ***„Erfüllung mit dem Geist"*** oder *„Erneuerung durch den Geist"*. Tatsächlich kommt das Substantiv „Taufe im Heiligen Geist" im Neuen Testament nicht vor, allerdings die Verbform. Jesus versprach seinen Jüngern beim Abschied auf dem Ölberg:

> *„Johannes hat mit Wasser getauft, ihr aber werdet mit dem Heiligen Geist getauft werden, und das schon in wenigen Tagen"* (Apg 1,5; 11,16).

Diese Aussage vom *„Taufen mit Heiligem Geist (und Feuer)"* stammt von Johannes dem Täufer und findet sich in allen vier Evangelien (Mt 3,11; Mk 1,8; Lk 3,16; Joh 1,33). Auch von Paulus wird sie übernommen (1 Kor 12,13). Somit finden wir im Neuen Testament gleich siebenmal die Formulierung *„taufen im Geist"*. In der Apostelgeschichte konnten wir bereits eine **Vielfalt von Begriffen** entdecken, mit denen das Kommen des Geistes bezeichnet wird. Vermutlich sind sie austauschbar oder beschreiben nur unterschiedliche Aspekte derselben Erfahrung. Jedenfalls sind alle Begriffe dynamisch – wie Wind, der Bewegung bringt, und Feuer, das Licht und Wärme bewirkt. Denn der Heilige Geist ist Gottes persönliche Zuwendung zu uns Menschen **(mehr zum Stichwort „Taufe" im Anhang)**.

Gott ist und Gott kommt

Manchem erscheint dies als logischer oder theologischer Widerspruch: Wenn Gott immer da ist, sozusagen allgegenwärtig, wieso muss er dann noch zu uns kommen? Wieder haben wir es mit einer Paradoxie zu tun, die unser Verstand nicht auflösen kann. Dennoch sind beide Aussagen in der Bibel begründet und wichtig für unser Leben:

- **Gott ist immer und überall da**. Er steht über Raum und Zeit.
  Er ist „der Ewige".

  „Von allen Seiten umschließt du mich und legst auf mich deine Hand. Ein unfassbares Wunder ist diese Erkenntnis für mich; zu hoch, als dass ich es je begreifen könnte. Wohin könnte ich schon gehen, um deinem Geist zu entkommen, wohin fliehen, um deinem Blick zu entgehen? ... Deine Augen sahen mich schon, als mein Leben im Leib meiner Mutter entstand"
  (Ps 139,5–7.16).

  Man kann sich durch die allumfassende Gegenwart Gottes kontrolliert fühlen, man kann darin aber auch tiefe Geborgenheit finden, wie David es erlebte. Die „allgemeine" Gegenwart Gottes ist letztlich unser Glück: Er ist uns immer schon voraus, weiß um unsere Wege und behält den Überblick (Jes 6,3; 40,28; 66,1). Dieses Wissen um die Gegenwart des „Ewigen" entlastet!

- **Gott kommt und begegnet uns neu**. So erlebten es die Menschen der Bibel, oftmals auf überraschende und dramatische Weise:

  - Gott erscheint Mose in einem brennenden Dornbusch
    (2 Mose/Ex 3,2–5).
  - Gottes Herrlichkeit erfüllt das *„Zelt der Begegnung"* in der Wüste
    (2 Mose/Ex 40,34–38).
  - Gottes *„Hand"* kommt über den Propheten (Ez 1,3; 8,1).
  - Gottes Gegenwart erscheint Jesus und seinen Jüngern auf einem Berg (Mt 17,1–3).
  - Gott schenkt Johannes zur Zeit seiner Verbannung eine Vision von Jesus (Offb 1,9–11).

Diese wenigen Hinweise zeigen: Gottes Zuwendung zu uns Menschen hat immer eine dynamische Seite. Gott „ist" nicht einfach, sondern er „kommt" immer wieder neu zu uns – so wie wir es brauchen und aufnehmen können. Seine Gegenwart ist einerseits umfassend und allgemein, andererseits manifestiert sie sich in Raum und Zeit. Insofern dürfen wir wie David beten: *„Wann kommst du, Gott, zu mir?"* Oder: *„Gott, mein Gott bist du, dich suche ich"* (Ps 101,2; 63,2). Es ist wahr: Gott lässt sich finden. Gott schenkt sich uns im Heiligen Geist immer wieder neu.

Historische Beispiele für die Erfüllung mit dem Heiligen Geist finden Sie im Anhang.

„Heute Morgen schenkte mir der Herr eine Sprache, die ich nicht kenne, durch die meine Seele auf wunderbare Weise zu ihm emporgehoben wurde."

Thomas Walsh (1750)

„Es war mir, als stehe ich unter dem Einfluss eines elektrischen Stroms, der mir durch und durch ging. Liebeswelle auf Liebeswelle schien sich über mich zu ergießen."

Charles G. Finney (1792-1875)

3.5 BETEN IM HEILIGEN GEIST

> *„Der Heilige Geist hilft uns in unserer Schwäche. Denn wir wissen ja nicht einmal, worum oder wie wir beten sollen. Doch der Heilige Geist betet für uns mit einem Seufzen, das sich nicht in Worte fassen lässt. Und der Vater, der alle Herzen kennt, weiß, was der Geist sagt, denn der Geist bittet für die, die zu Gott gehören, wie es dem Willen Gottes entspricht"* (Röm 8,26–27 | NLB).

Das ist ein erstaunlicher Satz des großen Apostels Paulus, der seinen Gemeinden an anderer Stelle sagte, sie sollten sich *„durch nichts vom Gebet abbringen"* lassen (1 Thess 5,17)! Offenbar kannte auch er „Gebets-Not" oder mangelnde Motivation. Auch er wusste um unsere Unfähigkeit, im Gebet die richtigen Worte zu finden. Doch genau in diese Verlegenheit kommt der Heilige Geist hinein: Er selbst *„tritt für uns ein"* (oder *„verwendet sich für uns"*) – ebenso wie Jesus es vor dem Thron Gottes für uns tut (Röm 8,34). Wir haben also einen persönlichen Fürsprecher, einen Mittler, einen Trainer im Gebet.

Manche Auslegung sieht in den *„unaussprechlichen Seufzern"* (Röm 8,26) einen Hinweis auf das Sprachengebet, das Jesus selbst seinen Jüngern als Gabe versprochen hat (Mk 16,17). Bemerkenswert ist, dass die Berichte vom „Kommen des Geistes" in der Apostelgeschichte mit einer gewissen Regelmäßigkeit auch das Auftreten von Sprachenrede und Prophetie erwähnen. Aus dieser Häufung lässt sich jedoch kein Lehrsatz ableiten, wonach Sprachenrede ein „Beweis für die Geistestaufe" wäre. Bei der Auflistung der Charismen wird sie auch nicht besonders hervorgehoben oder als Belohnung für besondere Reife angesehen. Sie ist jedoch ein wichtiger Schlüssel zur unmittelbaren Kommunikation zwischen unserem Geist und Gottes Geist. Wenn wir Gott unsere *„Zunge"*, also unser Sprachorgan zur Verfügung stellen, lassen wir ihn gewissermaßen ans Ruder:

> *„Denkt an ein Schiff: So groß es auch sein mag und so heftig die Winde sind, denen es ausgesetzt ist, wird es doch von einem winzigen Ruder auf dem Kurs gehalten, den der Steuermann bestimmt. Genauso ist es mit der Zunge …"* (Jak 3,4–5).

Die Bedeutung des Sprachengebets

Die Pfingstgeschichte beschreibt, dass die Jünger *„begannen, in fremden Sprachen zu reden; jeder sprach so, wie der Geist es ihm eingab"* (Apg 2,4). Sprachenrede bzw. das *„Beten im Geist"*, wie Paulus es nennt, ...

- kann man nicht lernen wie eine Fremdsprache. Es wird uns als Charisma geschenkt.
- lässt sich nicht direkt übersetzen, sondern wird im Geist gedeutet („Auslegung").
- entstammt nicht dem Gedächtnis, sondern wird vom Geist in uns angeregt.
- hat nichts mit „Lallen" zu tun (dazu verleitet der ältere deutsche Begriff „Zungenrede", der wörtlichen Übersetzung vom griechischen Wort „Glossolalie").
- ist unserem Willen unterworfen, sollte also nicht mit „Ekstase" verwechselt werden.
- dient der „Erbauung" der Betenden und richtet sich nicht primär an andere Menschen.

Am Pfingsttag war die Sprachengabe ein Übersetzungsphänomen, denn die Festpilger staunten: *„Wir alle hören in unseren eigenen Sprachen von den wunderbaren Dingen reden, die Gott getan hat"* (Apg 2,11). Es kommt immer wieder vor, dass bei der Sprachenrede international bekannte Sprachen oder Dialekte ausgesprochen werden. Dies hat eine unglaubliche Signalwirkung, vor allem wenn Einzelne dadurch prophetisch von Gott angesprochen werden. Doch in der Regel – und davon geht Paulus aus – handelt es sich um unbekannte Sprachen, vielleicht sogar *„die Sprache der Engel"* (1 Kor 13,1). Jedenfalls schenkt Gott uns mit der Sprachenrede einen Vorgeschmack auf ein *„neues Lied"* im Himmel (Offb 14,3).

PERSÖNLICH ERLEBT

„Ich spreche gar nicht Französisch …"

„Wir alle hören sie in unseren eigenen Sprachen von den wunderbaren Dingen reden, die Gott getan hat!" (Apg 2,11), riefen die Festpilger in Jerusalem am Pfingsttag. John Bevere aus Colorado (USA), Pastor und Autor zahlreicher Bücher, berichtet von einer ähnlichen Erfahrung in unserer Zeit:

„Vor Jahren predigte ich einmal in einer Gemeinde in Colorado Springs. Während des Gottesdienstes saß eine meiner Mitarbeiterinnen im hinteren Teil des Gemeindesaals. Die gesamte Zeit meiner Predigt über fühlte sie sich gedrängt, leise in Sprachen zu beten. Als der Gottesdienst vorüber war, kam ein Mann, der vor ihr gesessen hatte, zu ihr und meinte: ‚Ihr Französisch ist ausgezeichnet. Sie sprechen sogar mit einem perfekten Akzent des altfranzösischen Dialekts. Ich bin Französischlehrer, und mein ganzes Leben habe ich noch nie jemanden getroffen, der so gut Französisch spricht wie Sie.'

Meine Mitarbeiterin sagte darauf: ‚Ich spreche gar nicht Französisch.' Der Mann war völlig schockiert und sagte zu ihr: ‚Sie haben nicht nur perfektes Französisch gesprochen, sondern Sie haben auch Bibelverse auf Französisch zitiert. Und gleich danach forderte John die Anwesenden auf, genau diese Bibelstellen aufzuschlagen. Sie haben sie zitiert, noch bevor er sie erwähnte.' Dieses Erlebnis war für den Mann ein Zeichen, dass Gott die Botschaft, die er durch mich verkündet hatte, bestätigte."

Zitiert nach: John und Addison Bevere, Der Heilige Geist. Eine Einführung (Lüdenscheid, 2020), S. 169–170

Paulus verwendet fast ein ganzes Kapitel im 1. Korintherbrief, um die Charismen **Sprachenrede und Prophetie** näher zu beleuchten und der Gemeinde Anweisungen zum guten Umgang damit zu geben. Obwohl es bei den Christen in Korinth, einer multiethnisch und multireligiös geprägten Stadt, offenbar recht turbulent zuging, ermutigt Paulus zur Anwendung der Geistesgaben und spricht keine Verbote aus. Er versteht die Gottesdienste in den Hausgemeinden als Gemeinschaftserlebnis (vgl. 1 Kor 16,15.19), bei dem Gottes Geist prinzipiell durch jeden der Anwesenden wirken kann:

> *„Wenn ihr zusammenkommt, hat jeder von euch etwas: einen Psalm, eine Lehre, eine Offenbarung, eine Sprachenrede, eine Übersetzung. Alles muss dem geistlichen Aufbau der Gemeinde dienen!“* (1 Kor 14,26 | NeÜ).

Paulus stellt in diesem Kapitel Sprachenrede („Zungenrede“) und Prophetie („Weissagung“) einander gegenüber. Das Schlüsselwort ist dabei *„aufbauen“*. Die Gemeinde soll durch den Gebrauch der Gaben geistlich vorankommen und miteinander wachsen:

> *„Bemüht euch um die Geistesgaben, ganz besonders aber um die Weissagung. Denn wer in einer Sprache redet, spricht nicht zu Menschen, sondern zu Gott. Niemand versteht ihn. Was er durch Geisteswirkung redet, bleibt ein Geheimnis. Wer aber weissagt, redet zu den Menschen, baut auf, ermahnt und tröstet. Wer in einer Sprache redet, hat nur selbst etwas davon, wer aber weissagt, erbaut die Gemeinde. Ich wollte, dass ihr alle in Sprachen redet, aber noch viel mehr möchte ich, dass ihr weissagt. Das hat mehr Gewicht, als in Sprachen zu reden, es sei denn, dass sie übersetzt werden, damit die Gemeinde etwas davon hat“* (1 Kor 14,1–5 | NeÜ).

Der Umgang mit Sprachengebet

Manche Glaubensrichtungen haben aus diesen Versen die strikte Regel abgeleitet, dass Sprachengebet nur erlaubt ist, wenn eine Auslegung folgt. Dies ist sicherlich sinnvoll, wenn in einer Gruppe oder Versammlung öffentlich in Sprachen gebetet wird. Dann sollten wir still sein und hinhören, ob Gott eine Deutung schenkt. Diese kann einen ähnlichen Stellenwert bekommen wie die Prophetie. Aber Gott schenkt auch Einzelnen in ihrer persönlichen Gebetszeit die Sprachenrede, quasi als heilsame Unterbrechung unserer Worte in Muttersprache, als „Atempause“ und zum genaueren Hinhören. Hier sollten wir auf unseren Geist achten, was er von Gott empfängt. Der baptistische Theologe Siegfried Großmann beschreibt seine Erfahrung mit dem Sprachengebet folgendermaßen: *„Immer wieder erlebe ich es, wenn ich eine Weile in Sprachen gebetet habe, dass ein starker, heller Gedanke in mir aufleuchtet, in dem ich – natürlich oft erst im Nachhinein – eine Auslegung meines Sprachengebets erkennen kann.“* [8]

Viele Christen entwickeln insbesondere durch diese Gabe **eine neue Hörfähigkeit** für den Heiligen Geist und können so in die prophetische Dimension hineinwachsen. Sprachenrede scheint eine Art Türöffner für weitere Gaben des Geistes zu sein. Man kann dabei an die Antennen alter Autos denken: Um einen besseren Empfang zu erreichen, musste man sie erst mal herausziehen. So können auch wir in unserem Geist immer empfänglicher für Gottes Reden werden.

> *„Wenn ich in einer Sprache bete, betet mein Geist, aber meine Aussage bringt keine Frucht. Was soll ich nun tun? Ich will mit dem Geist beten, aber auch mit meinem Verstand; ich will mit dem Geist singen, aber auch mit meinem Verstand“* (1 Kor 14,14–15 | NeÜ).

Wenn Paulus hier **„Verstand“ und „Geist“ unterscheidet**, redet er nicht einer irrationalen Spiritualität das Wort. Unser Verstand ist ein wichtiges Werkzeug, ein geistiges Organ, das wir Menschen allen anderen Lebewesen voraushaben. Aber er gehört nach dem biblischen Menschenbild zur „Seele“ und damit zum *„natürlichen Menschen“*, der Gott von sich aus nicht erkennen kann. Aufgrund seiner Prägungen kann uns der Verstand auch irreführen und geistliche Prozesse blockieren. Jeder von uns kennt typische „Verstandesmenschen“, die immer die Kontrolle behalten müssen und es schwer haben zu vertrauen.

> *„Uns aber hat es Gott geoffenbart durch seinen Geist; denn der Geist erforscht alles, auch die Tiefen Gottes. ... Wir haben nicht den Geist der Welt empfangen, sondern den Geist, der aus Gott ist, sodass wir wissen können, was uns von Gott geschenkt ist“* (1 Kor 2,10–12 | SLT).

Wenn wir nun *„im Geist beten“*, hat der Verstand Sendepause: Er darf ausruhen, sich regenerieren, bleibt wie ein Motor im „Leerlauf“, weil er gerade nichts leisten muss. Sprachengebet hat eine innerlich reinigende, eine psychohygienische Wirkung.

Verschiedene Ebenen des Gebets

Die Gabe der Sprachenrede ist eine **Kommunikationshilfe**, durch die wir direkter mit Gott verbunden sind. Sie ergänzt unser Gebet in der eigenen Muttersprache und belebt es zugleich. Dies geschieht auf verschiedenen Ebenen:

- **In Lobpreis und Anbetung**

  Diesen Aspekt konnten wir bei den Jüngern am Pfingsttag beobachten: *„Wir alle hören sie in unseren eigenen Sprachen von den wunderbaren Dingen reden, die Gott getan hat!“*, bezeugten die Festpilger (Apg 2,11). Im nächsten Abschnitt wird die Bedeutung von Sprachenrede und Sprachengesang für den Lobpreis vertieft.

- **In Fürbitte und Gebetskampf**

  Paulus vergleicht die Existenz von Christen mit einem gut gerüsteten römischen Soldaten. Unsere eigentlichen Gegner sind nicht Menschen oder andere Meinungen, sondern *„Mächte und Gewalten des Bösen“*. Gewinnen können wir nur, wenn wir im Glauben stehen und innerlich wach sind:

  „Hört nie auf zu beten und zu bitten! Lasst euch dabei vom Heiligen Geist leiten. Bleibt wach und bereit. Bittet Gott inständig für alle Christen“ (Eph 6,12.18 | HFA).

  In der Fürbitte für andere Menschen wissen wir manchmal nicht genau, wo sie stehen und was sie brauchen. Hier ist das Sprachengebet eine große Hilfe. Wir können auch eine Weile „im Geist“ beten, wenn wir uns in einer geistlichen Auseinandersetzung befinden (vgl. 1 Kor 14,8).

- **Im Hören auf Gottes Reden**

  Dieser Aspekt kam im vorigen Abschnitt zur Sprache: Sprachenrede macht uns empfänglicher für Gottes Reden und bereitet den Weg für prophetische Eindrücke. Wir hören uns beim Beten in Sprachen selbst zu und empfangen dabei neue Inspiration.

  „Geliebte, baut weiter auf eurem hochheiligen Glauben auf, betet im Heiligen Geist“ (Jud 20 | EÜ).

Dass wir im Gebet vom Heiligen Geist begleitet werden, ist ein großer Trost. Er steht auf unserer Seite, wenn wir die Nähe Gottes suchen: Gott kommt uns so nah, dass er uns selbst hilft, zu ihm zu beten.

Singen und loben im Geist

Paulus spricht vom „Beten“ und vom „Singen im Geist“. Was ist damit gemeint? So wie einzelne Wörter zu Gedichten oder Liedern werden können, kann die Sprachengabe zum Gesang führen. Eindrucksvoll ist dies in großen Versammlungen, wo Menschen mit dieser Gabe zeitgleich „im Geist singen“. Dies kann wie ein anhaltender Glockenklang im Raum stehen. Manchmal scheint es so, als würde sich in dieser Zeit der Himmel öffnen **(mehr zur Praxis des Sprachengesangs im Anhang)**.

Schon im Alten Testament gibt es beeindruckende Beispiele, wie sich durch den **Einfluss geistgeleiteter Musik** Verhältnisse entscheidend veränderten:

Ein „*böser Geist*“ musste durch den Einfluss von Davids Harfenspiel zurückweichen (1 Sam 16,14–16.23).

Der Prophet Elisa empfing eine Strategie von Gott, „*als der Spieler über die Saiten fuhr*“ (2 Kön 3,15–18).

Während Sänger und Musiker „*Jubelruf und Lobpreis anstimmten*“, bewirkte Gott die Niederlage der Feinde Israels (2 Chr 20,20–23 | jeweils EÜ).

Es gibt einen erstaunlichen Zusammenhang zwischen der Erfüllung mit dem Heiligen Geist und unserem Entschluss, Gott zu loben und ihm zu singen. Paulus erwähnt in seinen Briefen **drei Arten von Gesängen**:

„*Lasst euch vom Geist erfüllen, indem ihr untereinander Psalmen, Loblieder und vom Geist eingegebene Gesängen aussprecht, dem Herrn in eurem Herzen singt und spielt*“ (Eph 5,18–19 | wörtlich; par. Kol 3,16).

- „*Psalmen*“: die Gebete des Alten Testaments, mit denen auch Jesus lebte (Mk 14,26; 15,34),
- „*Loblieder*“ (wörtlich Hymnen): frühe christliche Lieder (vgl. Lk 1,46–55.67–79; Apg 16,25),
- „*vom Geist eingegebene Gesänge*“: Dies dürfte ein Hinweis auf Sprachengesang sein.

Wenn Paulus sagt: „*Lasst euch vom Geist erfüllen!*“, dann meint er, dass wir dranbleiben sollen. Wir müssen ja auch regelmäßig trinken, nicht erst wenn wir Durst empfinden. Wie ein Kind an der Brust seiner Mutter oder durchs Fläschchen gestillt wird, können wir die Gegenwart des Geistes in uns aufnehmen (vgl. Ps 131,2). Dies geschieht in besonderer Weise, wenn wir unseren Mund öffnen und beginnen, ihn zu loben:

> *„Ich bin der Herr, dein Gott, der dich heraufgeführt hat aus Ägypten. Weit öffne deinen Mund! Ich will ihn füllen“* (Ps 81,11 | EÜ).

Hier wird unabhängig von unserer Gefühlslage **eine Entscheidung** angesprochen. *„Geistgewirkte Gesänge“* können ein Summen oder ein spontanes Singen in Muttersprache oder „in Sprachen“ sein. Es öffnet sich eine Art Ventil, durch das die frische Luft des Geistes in uns einströmen kann: Unser Geist empfängt Neues. Unsere Seele atmet auf. Dasselbe gilt auch, wenn uns zum Heulen zumute ist und wir unsere Klage vor Gott *„mit unaussprechlichen Seufzern“* ausschütten (Röm 8,26). Gott wünscht sich in jedem Fall, unsere Stimme zu hören.

Wir sollten die Gabe der Sprachenrede nicht überbewerten, sie aber auch nicht geringschätzen und aufgrund von Vorurteilen meiden. Letztlich geht es nicht um den Besitz einer spektakulären Gabe, sondern um eine Hilfestellung für unseren Glauben im Alltag: Ob wir an der Kasse stehen oder auf eine Untersuchung warten müssen, ob wir jemandem zuhören oder passende Worte für eine E-Mail suchen, wir können zu jeder Zeit „im Geist“ beten. Sprachenrede baut uns auf und vermittelt *„Hilfe, Ermutigung und Trost“* (1 Kor 14,3). Wenn wir selbst innerlich gestärkt sind, können wir auch andere Menschen ermutigen.

> „Es gibt heute viele Kirchen und Gemeinden, die durchaus nicht vom Enthusiasmus bedroht sind, sondern vielmehr unter der Dämpfung des Geistes leiden.“
>
> **Jürgen Moltmann (geb. 1926)**

PERSÖNLICH ERLEBT

Wie ich das Sprachengebet empfing

Wenn ich Gott anbeten will, komme ich mit meinen Worten schnell ans Ende. Ich kann Gott für alles Mögliche danken. Aber schon bald gehen mir die Worte aus. Und dann? *„Wir wissen nicht, worum wir in rechter Weise beten sollen; der Geist selbst tritt jedoch für uns ein mit Seufzen, das wir nicht in Worte fassen können"* (Röm 8,26). Ich kann mir gut vorstellen, dass Paulus hier nicht „Stoßseufzer", sondern das Sprachengebet meint. Wie habe ich es empfangen?

Als 1973 zum ersten Mal Christen für mich in diesem Anliegen gebetet haben, sagten sie mir: „Herr Hanusch, Sie brauchen jetzt gar nichts zu machen, es sprudelt aus Ihnen heraus." Sie haben für mich gebetet und gebetet, aber nichts sprudelte! Ehrlich gesagt war ich froh, als sie nach einiger Zeit mit dem Beten aufhörten. Ich hatte den Eindruck, dass ich für das Sprachengebet zu nüchtern bin.

Einige Jahre später sprach ich mit jemandem darüber. Er schmunzelte und sagte mir: „Na ja, Helmut, den Mund musst du schon aufmachen, die Zunge bewegt sich dann von selbst." Wieder betete ein Gebetsteam für mich und ich wartete und wartete – aber meine Zunge bewegte sich nicht von selbst. Ich saß da wie ein junger Spatz in der Erwartung auf Nahrung, aber nichts passierte in mir. Obwohl ich mit diesen beiden Erfahrungen das Thema „Sprachengebet" für mich abgehakt hatte, erklärte es mir wiederum einige Jahre später jemand ganz anders: „Klinke dich bei anderen, die in Sprachen beten, ein und beginne selbst, Laute und Silben zu beten oder zu singen." Ein Team hat dann mit mir gebetet und seitdem bete und singe ich in Sprachen.

Eine große Hilfe ist das Sprachengebet und Sprachensingen auch in der Fürbitte. Als Klinikseelsorger habe ich zwei Jahre lang auf einer Krebsstation im Universitätsklinikum gearbeitet. Auch hier war ich mit meinen Worten oft schnell am Ende. Ich war froh, dass ich damals schon das Sprachengebet praktizierte. Ich habe es den Patienten kurz erklärt, ihnen die Hand auf die Schulter gelegt und in Sprachen gebetet. Viele haben mir erzählt, dass sie Gottes Liebe wie einen warmen Strom erlebt haben, und wollten diese gute „Bestrahlung" dann am liebsten mehrmals am Tag. Einige Ärzte und Krankenpfleger kamen manchmal zufällig dazu. Manchmal kam es zu erstaunten Fragen („In welcher Sprache haben Sie denn da eben gebetet?"), aber nur selten habe ich Unverständnis oder Ablehnung erfahren, denn sie merkten, wie gut das den schwerkranken

Patienten tat. Auch in seelsorglichen Gesprächen habe ich sehr oft erfahren, dass nach dem Sprachengebet ein inneres Bild, Eindruck oder Wort Klarheit in die Situation des Rat- und Hilfesuchenden gebracht hat.

Helmut Hanusch

Zitiert nach: Michael Bendorf (Hrsg.), Wo der Geist weht (2019), S. 94–95

Eine wunderbare Gebetshilfe im Alltag

Das Sprachengebet habe ich empfangen, nachdem ich mit 14 Jahren meine erste Jugendkonferenz besucht hatte. In den folgenden Jahren habe ich das Sprachengebet wenig praktiziert, weil es kaum Leute in meinem Umfeld gab, die es gebrauchten. Ich war mir auch unsicher, ob ich das Sprachengebet denn überhaupt hatte – oder noch hatte. Daraufhin sprach ich mit meinem Pastor über meine Unsicherheit. Der riet mir, ich solle es üben und auf jeden Fall einsetzen, auch wenn ich mir unsicher sei und es sich komisch anfühle. Das tat ich dann – mal mehr und mal weniger.

Heute bin ich dankbar für dieses Geschenk, weil ich wegen meiner beiden kleinen Kinder weniger Zeit finde, um mich gezielt hinzusetzen und mit meinem Verstand zu beten. Es hilft mir daher, zwischendurch in Sprachen zu beten. Insbesondere dann, wenn ich Angst habe oder in Situationen stehe, in denen ich mich selbst sehr hilflos fühle. Zum Beispiel wenn die Kinder sich sehr weh tun. Meinem damals dreijährigen Sohn Paul habe ich einmal aus Versehen die Hand am Kofferraum des Autos eingeklemmt. Mit voller Wucht schlug ich den Kofferraum zu – mit seiner Hand dazwischen. Ich erschrak sehr, begann aber sofort laut in Sprachen zu beten. Paul hörte schon nach fünf Minuten wieder auf zu weinen und ich konnte keine Verletzung an seiner Hand sehen. Wir fuhren danach sogar noch zum Kinderturnen.

Mich hat Gott in dieser Situation sehr beruhigt. Und nicht nur das: Gott hat vermutlich auch Paul die Schmerzen genommen, und seine Gegenwart hat die Situation wieder in Ordnung gebracht. Kann sein, dass ich genau dafür in einer mir unbekannten Sprache gebetet habe – in einem Moment, in dem ich selbst nicht klar denken konnte.

Jana Nimmo

Zitiert nach: John Nimmo, Sprachengebet (2018), S. 31–33

3.6 KOMMEN UND TRINKEN!

Dieser Grundkurs über den Heiligen Geist neigt sich dem Ende zu. Ich hoffe, dass er Ihnen Appetit gemacht hat auf „mehr von Gott"! Mein Anliegen ist, eine ausgewogene, biblisch begründete Lehre über den Heiligen Geist zu vermitteln. Manches Vorurteil konnte hoffentlich ausgeräumt, manche Distanz zum Thema überwunden werden. Das **Nachdenken über Gott** ist das eine, sich ihm persönlich zu öffnen ist das andere. Gerade in der Beziehung zu Gott gilt: Unsere Erkenntnis nimmt in dem Maß zu, wie wir authentische Erfahrungen machen. Der eigentliche **Zugang zu Gott** ist die Begegnung. Dazu möchte ich Sie im Schlussteil dieses Kurses einladen.

Nochmals: Wem gibt Gott seinen Geist?

- **Gott schenkt seinen Geist „gratis"**

  Die Beschäftigung mit dem Heiligen Geist macht deutlich: Die entscheidenden Dinge im Leben werden nicht erarbeitet, sondern empfangen. Was unser Leben reich macht, sind Geschenke, die wir unabhängig von unserer Leistung erhalten. Dies nennt die Bibel „Gnade".

  „Ein Mensch kann sich nichts nehmen, wenn es ihm nicht vom Himmel her gegeben wird" (Joh 3,27 | NLB).

- **Gott schenkt seinen Geist den „Durstigen"**

  Unter den Bildern für den Heiligen Geist (siehe Kapitel 2.2) begegnet uns in der Bibel immer wieder *„Wasser"*, das Gott *„auf das Durstige gießen"* will (Jes 44,3). Er weiß um unseren Lebensdurst, der im Tiefsten nur bei ihm gestillt werden kann (Joh 4,13–14). Darum heißt es:

  „Auf, alle Durstigen, kommt zum Wasser! ... Neigt euer Ohr und kommt zu mir, hört und ihr werdet aufleben!" (Jes 55,1–3 | EÜ).

  Die Bibel endet mit einer persönlichen Einladung von Jesus:

  „Wer Durst hat, dem werde ich umsonst von dem Wasser zu trinken geben, das aus der Quelle des Lebens fließt." Und: *„Wer Durst hat, der komme! Wer will, der trinke vom Wasser des Lebens; er bekommt es umsonst"* (Offb 21,6; 22,17).

- **Gott schenkt seinen Geist, wenn wir ihm gehorchen**

  „Wir sind Zeugen für das alles – wir und der Heilige Geist, den Gott denen gegeben hat, die ihm gehorchen“ (Apg 5,32).

  Gehorsam bedeutet nichts anderes, als Gottes Anweisungen zu folgen und auf sein Angebot einzugehen. Wenn ich eine Einladung zum Essen bekomme, muss ich mich entscheiden und zusagen. Andere Verpflichtungen werde ich dann zurückstellen. Wenn Gott mich beschenken möchte, muss ich dazu „Ja“ sagen – möglicherweise auch „Nein“ zu anderen Angeboten.

Damit das frische Wasser fließen kann ...

Der Heilige Geist ist wie frisches Wasser. Doch manchmal müssen Hindernisse ausgeräumt werden, damit es frei fließen kann. Es kann sein, dass Gott durch diesen Kurs Dinge aus der Tiefe hochspült, die in Ihrem Leben verkehrt gelaufen sind. Vielleicht ist jetzt die Zeit gekommen für eine ehrliche **Bilanz** und für einen gründlichen „Frühjahrsputz“ im eigenen Lebenshaus:

- Wo sind Dinge aus der Vergangenheit nicht bewältigt oder ist Schuld verdrängt worden? Gott möchte Ihnen gerne vergeben, wenn Sie ihm diese Dinge bekennen (vgl. 1 Joh 1,9).
- Wo gibt es Groll, Vorwürfe, Verbitterung anderen Menschen gegenüber? Gott möchte Ihnen helfen, anderen zu vergeben und sich zu versöhnen (vgl. Mt 6,14–15).
- Wo gibt es Scham und Schmerz, der Sie belastet und Ihnen die Freude am Leben raubt? Gott möchte Sie gerne heilen und frei machen (vgl. Ps 147,3).

Vielleicht sind Sie auf Ihrer spirituellen Reise auch an Kräfte geraten, die im Tiefsten dämonischen Ursprungs sind. Wer in okkulte Praktiken verwickelt war, bekommt möglicherweise hautnah eine Auseinandersetzung zu spüren, sobald der Heilige Geist am Werk ist. Wenn wir mehr von Gott empfangen wollen, müssen wir diese Dinge **erkennen**, ehrlich **benennen** und im Gebet **bekennen**, am besten in Gegenwart eines „Zeugen“. Ein solches Gespräch unter vier Augen lässt sich auch als Beichte bezeichnen:

- das Bekenntnis unserer Schuld,
- das bewusste Lossagen von allem, was uns belastet und zurückhält,
- manchmal eine regelrechte Absage an den Teufel und jede dämonische Macht.

Gott, unser Schöpfer, hat eine ermutigende Vision für unser Leben, und seine Zusage gilt jedem von uns:

> *„Immer werde ich, der HERR, euch führen. Auch in der Wüste werde ich euch versorgen ... Ihr gleicht einem gut bewässerten Garten und einer Quelle, die nie versiegt“* (Jes 58,11 | HFA).
>
> *„Ich aber bin gekommen, um ihnen das Leben in ganzer Fülle zu schenken“* (Joh 10,10 | NLB).

Leben in ganzer Fülle

Das ist Gottes Ziel für unser Leben: die Erfahrung von „Überfluss“! Auch Paulus verwendet dieses Stichwort häufig in seinen Briefen. Die nie versiegende Quelle ist der Heilige Geist. Mir steht dabei das Bild vom römischen Brunnen mit seinen drei Schalen vor Augen (s. Abbildung nächste Seite):

- Die Wasserversorgung kommt von oben und beginnt mit der obersten Schale. So empfangen wir auch „von oben“, von Gott her, den Zufluss des Geistes für unser Leben.
- Aus der gefüllten oberen Schale fließt das Wasser in die mittlere über. Diese steht für geisterfülltes Leben, das Christen miteinander teilen (z. B. als Gemeinde, in Kleingruppen und Hauskreisen, in gemeinsamen Gebetszeiten).
- Das Wasser der mittleren Schale ergießt sich in die untere. Unser Leben als Christen hat Einfluss auf unsere Umgebung. Glaube hat immer eine gesellschaftliche Dimension: Der Brunnen steht mitten auf dem Marktplatz!

  „Wenn du je aus dem Brunnen getrunken hast, wovon läufst du dann über? Von Jesus, Jesus!“ (Hudson Taylor, 1832–1905).

„Wir hungern und dürsten nach Segen. Wir kommen zu Christus, und er stillt Hunger und Durst. Und wir haben sofort, ob wir es feststellen oder nicht, Überfluss für andere. Es ist dieser Überfluss, der … über unseren eigenen Kreis hinausgeht. … Deshalb brauchen wir durstige Christen, denn mit ihnen fängt alles an."

Corrie ten Boom (1892-1983)

3.7 PRAKTISCHE SCHRITTE: WIE EMPFANGE ICH DEN HEILIGEN GEIST?

HINWEIS

Je nachdem, wie dieser Kurs durchgeführt wird, bieten sich verschiedene Möglichkeiten für den Abschluss an. In jedem Fall rate ich dazu, eine Zeit für Gebet und persönliche Segnung anzubieten. Das Thema „Heiliger Geist" sollte nicht nur als Bildungsprogramm vermittelt werden, sondern auch Erfahrungsräume bieten. Wie dieser Raum gestaltet wird, hängt von verschiedenen Faktoren ab:

- *Welche Voraussetzungen sind in der Gruppe vorhanden?*
- *Wie viel Zeit steht zur Verfügung? Wie sind die räumlichen Verhältnisse?*
- *Welche Überzeugungen und Erfahrungen bringen Kursleiter/in und Mitarbeitende mit?*

Möglich sind folgende Varianten:

- Am Ende des Kurses wird nach dem letzten Kapitel eine **Möglichkeit zur persönlichen Segnung** angeboten. Es hat sich bewährt, diesen Teil mit geeigneten Liedern einzuleiten.
- Dasselbe gilt, wenn der Kurs sich über **ein Wochenende** erstreckt. Dann könnte die Zeit der persönlichen Segnung am Samstagnachmittag oder -abend stattfinden.
- Wenn man noch den Sonntag einbezieht, könnte **ein Gottesdienst** das Thema für die gesamte Gemeinde aufgreifen und Menschen einbeziehen, die nicht am Kurs teilnehmen konnten oder wollten. Der Kurs selbst sollte jedoch einen eigenen gottesdienstlichen Abschluss haben.

Für diesen sehr persönlichen Abschluss sollte sich ein Team von Mitarbeitenden vorbereiten. Am besten beten sie paarweise (idealerweise als Mann und Frau) für diejenigen, die Gebet und Segnung in Anspruch nehmen. Wenn man einen größeren Saal oder eine Kirche zur Verfügung hat, verteilen sich die Zweier-Teams so im Raum, dass man zu ihnen hingehen und dort ungestört beten kann. Leise Musik im Hintergrund oder die Anleitung durch eine Band zum leisen (!) Mitsingen kann einen angenehmen Klangteppich bilden **(eine Auswahl von „Heilig-Geist"-Liedern finden Sie im Anhang)**.

Mit Erwartung kommen

Die Mitarbeitenden empfangen die Person, die zum Beten kommt, mit einem herzlichen „Willkommen". Bei Bedarf fragen sie nach dem Namen und laden ein, zunächst mit eigenen Worten zu beten. Es ist gut, wenn wir vor Gott klar formulieren, was wir von ihm erwarten. Auch Jesus hat Menschen, sogar offensichtlich Kranke, gefragt: *„Was möchtet ihr von mir?"* (Mt 20,32). Wenn Menschen Hemmungen haben, laut zu beten, fragen wir sie: „Was möchtest du Gott gegenüber ausdrücken? Was erwartest du von ihm?"

Dann können wir möglicherweise auch ein kurzes Gebet vorsprechen und die Person fragen, ob sie diese Worte so übernehmen möchte. Unser Dienst des Segnens wird konkreter, wenn wir erkennen können, wo ein Mensch innerlich steht.

Kindlich einfach beten

Jesus hat uns Gott gerade im Zusammenhang mit dem Heiligen Geist als Vater vor Augen gemalt. Der Geist ist es ja, *„der unser Herz mit der Gewissheit erfüllt, dass Gott uns liebt"* (s. Röm 5,5). Mehr als jeder irdische Vater ist Gott motiviert, uns mit Gutem zu beschenken. Er wartet nur auf die Empfangsbereitschaft seiner Kinder:

> *„So schlecht ihr auch seid, ihr wisst doch, was euren Kindern gut tut, und gebt es ihnen. Wie viel mehr wird der Vater im Himmel denen den Heiligen Geist geben, die ihn darum bitten"* (Lk 11,13 | GNB).

Unsere Gebete zu Gott dürfen kurz und einfach sein, Hauptsache, sie sind echt. Wenn Kinder ihre Eltern um etwas bitten, ist da meistens mehr Emotion als Information im Spiel. So sollten wir auch vor Gott **unser Vertrauen** ausdrücken, **unsere Sehnsucht** nach „mehr von ihm", **unsere Erwartung**, dass er uns beschenkt. Mehr müssen wir nicht tun. Aber lassen wir unser Herz sprechen!

Hände aufhalten und Hände auflegen

Für manche Menschen ist es eine Hilfe, auch körperlich Empfangsbereitschaft auszudrücken. Dazu kann man seine Hände öffnen. Diese Gebetshaltung ist in der Bibel die übliche (vgl. Ps 28,2; 63,5; 134,2; 141,2), nicht das „Händefalten" unserer kirchlichen Tradition.

Wenn die Person gebetet oder ihre Erwartung Gott gegenüber ausgedrückt hat, können die Mitarbeitenden sie segnen. Das können sie durch die Geste der Handauflegung unterstreichen (vgl. dazu 5 Mose/Dtn 34,9; Mk 16,18; Apg 6,6; 9,17; 19,6; 28,8; 2 Tim 1,6). Dabei gehen wir feinfühlig und mit Respekt vor und erfragen die Zustimmung derer, die gesegnet werden möchten.

Wenn die Bereitschaft besteht, **den Heiligen Geist** zu empfangen oder neu mit ihm erfüllt zu werden, sollten wir ihn **direkt einladen**:

> „Komm, Heiliger Geist, und erfülle ... [Name]!
> Fülle alles aus im Leben von ...!
> Nimm ganz Raum ein in ...!"

Wenn wir für einen Menschen beten, tun wir dies in angemessener Lautstärke, mit möglichst schlichten Worten (keine „fromme Fachsprache") und zugleich im **Hören auf Gott**. Vielleicht zeigt uns der Heilige Geist Aspekte, die wir „mit bloßem Auge" nicht sehen konnten. Dann können wir diese Eindrücke mitteilen und nachfragen, ob sie für die betreffende Person Sinn ergeben. Manchmal gewinnt ein Segensgebet dadurch an Tiefe.

In Weisheit durchleiten

Wir sollten uns beim Beten immer auch „Zeit" lassen, um zu hören, zu empfinden, den Geist zum Zuge kommen zu lassen. Erinnern wir uns nochmals an die dynamischen Verben in der Apostelgeschichte: Es ist ein lebendiges Geschehen, wenn der Geist *„kommt"* oder *„erfüllt"* oder *„fällt"* oder *„gegeben wird"*, kein Mechanismus wie per „Mausklick". Der Faktor Zeit kann hier wichtig sein. Eventuell schlagen wir der Person vor, sich wieder hinzusetzen und dem Wirken Gottes an sich weiter nachzuspüren.

Wenn eine Gruppe oder Gemeinde dafür offen ist, kann eine Zeit der Anbetung erfolgen, bei der Lieder in den Sprachengesang übergehen. Dies kann eine ansteckende Wirkung entfalten, sodass der Heilige Geist die **Gabe der Sprachenrede** auch bei manchem Teilnehmenden freisetzt. Ebenso kann es hilfreich sein, selbst über Menschen leise in Sprachen zu beten, die diese Gabe empfangen möchten. Sie können sich dann leicht „anhängen" und erleben vielleicht zum ersten Mal, wie sich auch bei ihnen die Zunge löst.

Insgesamt ist es wichtig, dass im Plenum mit Weisheit und einfühlsam geleitet wird. Bei den einzelnen Segnungsteams sollte jeder Druck vermieden werden. Gottes Geist wirkt souverän: Wir brauchen selbst nichts zu produzieren. Wir öffnen lediglich einen Raum und stellen „Gefäße" bereit, damit er sie füllt. Wo eine Atmosphäre von Neugierde und Erwartung, von Entspanntheit und Leichtigkeit herrscht, scheint der Heilige Geist am besten wirken zu können.

> *„Der Herr aber ist der Geist; und wo immer der Geist des Herrn ist, ist Freiheit"* (2 Kor 3,17 | NLB).

> „Der Heilige Geist ist nicht toter Buchstabe, sondern der lebendige Gott. So darf sich die Gemeinde in jeder Entscheidung dem Heiligen Geist anvertrauen und fest glauben, dass er gegenwärtig an ihr und in ihr wirkt und uns nicht im Dunkeln tappen lassen wird, wenn wir nur ernstlich seine Lehre hören wollen."

Dietrich Bonhoeffer, Predigtmeditation über Johannes 14 (1940)

ANHANG

WISSENSWERTES UND ARBEITSHILFEN

Zu Kapitel 1

Die Anrufung des Geistes im Lied

Der Chorgesang, der seit dem frühen Mittelalter die Stundengebete der Christenheit prägt, hat seinen Ursprung vermutlich im jüdischen Lesegesang der Synagogen. Über die Ostkirche fand er dann Eingang in die römische Kirche. Den christlichen Kirchen des Westens ist auch die Anrufung des Geistes vertraut: „*Veni creator spiritus – Komm, Schöpfer Geist!*" Der Ursprung liegt in einem Wechselgesang (Antiphon) des frühen Mittelalters:

> *„Komm, Heiliger Geist, erfülle die Herzen deiner Gläubigen*
> *und entzünde in ihnen das Feuer deiner Liebe."*

Daraus entwickelte sich ein lateinischer Hymnus, der vermutlich auf Hrabanus (auch Rabanus) Maurus († 856), zurückgeht. Für den Abt des Klosters Fulda und späteren Erzbischof von Mainz bildete Musik und Wissenschaft eine Einheit: *„Denn ... dreht sich nicht auch der Himmel im Klang der Harmonie?"* Das gesungene Gotteslob war für ihn *„ein Ruf, dessen Ausdruckskraft durch die Leidenschaft des Geistes bedingt ist: es bedeutet die unsagbare Freude, die die menschliche Sprache nicht ausdrücken kann."*[9] Die gesungene Anrufung des Heiligen Geistes gehört seit über 1000 Jahren auch zur Gottesdienstordnung bei Synoden, Ordinationen und Weihehandlungen. Die lateinische Fassung hat sich seit dem Mittelalter weiterentwickelt und fand durch Einfluss des Erzbischofs von Canterbury, Stephen Langton († 1228), Eingang in das Choralbuch (Graduale Romanum) der Heiligen Messe. Der erste Vers lautet:

> *„Komm, Heiliger Geist, und sende vom Himmel her Deines Lichtes Strahl."*

Martin Luther hat diesen mittelalterlichen Gesang aufgenommen und davon ausgehend Lieder gedichtet, die bis heute zum Bestand des Evangelischen Gesangbuchs zählen (EG 126). Wir finden dort noch mehr Pfingstlieder, die auf den mittelalterlichen Hymnus zurückgehen (EG 128; EG 156). Johann Sebastian Bach hat in einer Choralbearbeitung seiner Leipziger Choräle (1747/48) dasselbe Thema verarbeitet: „*Komm, Gott Schöpfer, Heiliger Geist*" (BWV 667). Wir stellen uns also in eine Jahrhunderte alte Tradition der Christenheit, wenn wir den Heiligen Geist anrufen und seinen Beistand für unser Leben und unsere Aufgabenbereiche erbitten.

Zu Kapitel 2

Charismen in den ersten Jahrhunderten der Kirche

Wenn man die Berichte des Neuen Testaments liest, wirken sie auf uns heute geradezu unglaublich, wie aus einer fernen Zeit. Manche Bibelausleger sind sogar der Meinung, die ursprünglichen Zeichen und Wunder hätten aufgehört und wären heute nicht mehr nötig, da wir ja das Wort Gottes in schriftlicher Form haben (den biblischen Kanon).

Tatsache ist, dass Zeichen und Wunder die ganze Kirchengeschichte hindurch immer wieder aufgetreten sind. Über viele Jahrhunderte traten sie in den Hintergrund, während die Kirche ihre Macht in Europa entfaltete und die Zeichen ihrer Herrschaft eher durch prächtige Gebäude, kirchliche Würdenträger und deren politischen Einfluss entfaltete. Doch in den Klöstern und Ordensgemeinschaften waren Charismen und Wunder immer präsent. Viele der bekannten oder auch unscheinbaren „Heiligen" waren mit ihnen vertraut. Verstärkt traten die Charismen besonders in den Erweckungsbewegungen auf und erinnerten wieder an die Zeiten der Bibel. Allerdings wurden geistliche Aufbrüche, die von Gaben und Kräften des Geistes begleitet waren, allzu oft von kirchlichen Amtsträgern (der offiziellen Kirche) bekämpft.

Bemerkenswert sind Aussagen von einigen Kirchenvätern, die belegen, dass die Christenheit bis zum Ende des Römischen Reiches nicht nur am Wort Gottes festhielt, sondern auch die Kraft des Geistes erlebte:

Justin (100–165) war Philosoph, bekehrte sich zum Christentum (der *„allein zuverlässigen und brauchbaren Philosophie"*) und starb schließlich als Märtyrer. Für das 2. Jahrhundert bezeugt Justin: *„Die prophetischen Gaben bleiben uns, sogar bis in die heutige Zeit."* So weiß er zu berichten, viele Christen hätten *„eine ganze Menge von Besessenen in der ganzen Welt und auch in eurer Hauptstadt* [Rom], *die von allen anderen Beschwörern, Zauberern und Kräutermischern nicht geheilt worden waren, … im Namen Jesu Christi, des unter Pontius Pilatus Gekreuzigten, geheilt und heilen sie noch, indem sie die Dämonen, welche die Menschen festhalten, außer Kraft setzen und vertreiben."*

Irenäus (115–202) war Bischof in Lugdunum in Gallien (heute Lyon) und berichtet etwa zur selben Zeit: *„Einige treiben wahrhaftig Teufel aus, so dass die, welche von bösen Geistern befreit wurden, häufig an Christus gläubig werden und der*

Kirche beitreten. Andere schauen in die Zukunft, haben Gesichte und weissagen. Wieder andere legen den Kranken die Hände auf und machen sie gesund. Ja sogar Tote sind auferweckt worden und haben noch etliche Jahre unter uns gelebt. [...] Hören wir doch auch von vielen Brüdern in der Kirche, dass sie prophetische Charismen haben, in allerhand Sprachen durch den Geist reden, das Verborgene der Menschen zu ihrem Vorteil ans Licht bringen und die Geheimnisse Gottes erklären.“[10]

Tertullian (ca. 165–225), von Hause aus Rechtsanwalt und später der erste lateinisch sprechende Kirchenvater, hat die Täuflinge seiner Zeit ermutigt, mit den Gaben des Geistes zu rechnen: *„Erfleht euch vom Vater ... die Zuteilung von Geistesgaben“* (wörtlich *„Geschenken“*), *„die zur Gestalt hinzugehören.“* Damals gehörte zur Taufe selbstverständlich die Handauflegung als *„Anrufung und Einladung des Heiligen Geistes.“*

Novatian (ca. 200–258), der im Zuge einer Verfolgungswelle im Jahr 251 in kirchenpolitische Auseinandersetzungen verstrickt wurde, schreibt vom Heiligen Geist: Er ist es, *„der der Kirche Propheten gibt, der Lehrer unterweist, der die Gabe der Glossolalie lenkt, der Kräfte und Heilungen verleiht, der Wunder vollbringt, der die Gabe der Geisterunterscheidung schenkt, der Regierungsgewalt gewährt, Rat gibt und der alle anderen Gaben, die zu den ‚Charismen‘ gehören, ordnet und zuteilt ...“*

Hilarius (ca. 315–367), Bischof von Pictavium (Poitiers), schildert – ebenfalls im Zusammenhang mit dem Akt der Taufe – die *„große Freude“* über die *„Wirkungen des Heiligen Geistes“*: *„Wir fangen an, Glaubensgeheimnisse zu verstehen, sind fähig zu prophezeien und ein Wort der Weisheit zu sprechen. Wir werden fest in der Hoffnung und empfangen Geschenke von Heilungen. ... Diese Gaben dringen in uns ein wie ein sanfter Regen. Nach und nach tragen sie reiche Frucht.“*

Johannes von Antiochia (344/349–407), Erzbischof von Konstantinopel, wurde als großer christlicher Prediger bekannt (daher **Chrysostomos**, „Goldmund“). Zu seiner Zeit beklagt er zwar, dass *„die Charismen längst verschwunden sind“*, kann sich jedoch lebhaft erinnern: *„Wenn einer getauft wurde, redete er sofort in Sprachen, und nicht allein in Sprachen, viele redeten auch prophetisch; viele konnten aber auch andere Machtzeichen aufweisen.“*

Augustinus (354–430), ursprünglich ein heidnisch gesinnter Philosoph, bekehrte sich auf eindrückliche Weise und wurde später Bischof von Hippo (heute in Algerien). Als Kirchenlehrer musste er sich kritisch mit der Bewegung des Montanismus auseinandersetzen. Weil es dort zu Fehlentwicklungen und dem

Missbrauch von Geistesgaben kam, wurde man gegenüber den Charismen generell skeptisch. Später aber schreibt Augustinus erfreut: „*Ein blinder Mann in der Stadt* [Mailand] *erhielt das Augenlicht zurück; und so viel anderes dieser Art ist geschehen, auch jetzt zu dieser Zeit, dass es nicht möglich ist, sie alle zu kennen oder all die, die uns bekannt sind, zu zählen.*“ Für ihn waren die Charismen also in keiner Weise ausgestorben: „*Unser Herr Jesus schenkte Blinden das Augenlicht, weckte Lazarus von der Toten auf … Lasst also niemanden sagen, Brüder, dass unser Herr Jesus Christus diese Dinge heute nicht mehr tut …*“

Gemeinde bauen durch vielfältig begabte Menschen

In den letzten Jahrzehnten haben namhafte Theologen darauf hingewiesen, dass wir in unseren Gemeinden von der „*Versorgungsschiene*" wegkommen und den reformatorischen Gedanken vom „Priestertum aller Getauften" endlich umsetzen müssen. Von Martin Luther (1520) stammt der revolutionäre Satz: „*Denn alle Christen sind wahrhaft geistlichen Standes; es ist unter ihnen kein Unterschied als allein hinsichtlich des Amtes. Wie Paulus in 1. Korinther 12 sagt, dass wir allesamt ein Körper seien. ... Wir werden allesamt durch die Taufe zu Priestern geweiht.*" [11]

Daran hat **Rudolf Bohren**, Professor für Praktische Theologie (zuletzt in Heidelberg), in den 1960er-Jahren erinnert und betont, „*dass alle Christen Amtsträger, Haushalter, Charismatiker sind und also teilnehmen an der Leitung von oben*". Ironisch bemerkt er in diesem Zusammenhang, dass „*die Klage über die Einsamkeit des Pfarrers*" im Tiefsten „*nur eine Tochter des Unglaubens an den Heiligen Geist*" ist. [12]

Klaus Eickhoff, Rektor des Werkes für Evangelisation und Gemeindeaufbau in der Evangelischen Kirche Österreichs und Vorsitzender der Arbeitsgemeinschaft für Gemeindeaufbau (AGGA), gab in den 1990er-Jahren den wichtigen Rat: Statt sich zu „*zerreißen*", sollten sich Pfarrer/innen und Pastoren/innen „*vervielfältigen*" und die ihnen „*vom Neuen Testament her zugedachte Aufgabe eines Hirten und Ausbilders*" wahrnehmen. [13]

Jürgen Moltmann, einflussreicher theologischer und ökumenischer Vordenker des 20. Jahrhunderts (zuletzt Professor in Türbingen), schrieb in den 1970er-Jahren: „*Jedes Glied der messianischen Gemeinde ist ein Charismatiker.*" Im Blick auf die Vielfalt der Gaben gilt: „*Der Geist macht die ganze, biologische, kulturelle und religiöse Lebensgeschichte eines Menschen charismatisch lebendig.*" In diesem Sinne können „*alle menschlichen Möglichkeiten und Fähigkeiten durch die Berufung charismatisch werden, wenn sie nur in Christus gebraucht werden.*" [14]

Vor seiner Wahl zum Papst formulierte **Joseph Kardinal Ratzinger** in den 1990er-Jahren als Prognose: „*Die Kirche wird ... andere Formen annehmen.*" Sie wird in der Zukunft „*mehr Minderheitenkirche*" sein, „*in kleinen lebendigen Kreisen von wirklich Überzeugten und Glaubenden und daraus Handelnden leben. Aber gerade dadurch wird sie wieder zum ‚Salz der Erde'. ... In einer lebendigen Kirche werden sich ganz sicher neue Ausdrucksformen bilden. Diese Bewegung ist in vollem Gang.*" [15]

Dass die Wiederentdeckung der Gabenvielfalt in einer Gemeinde zu grundlegend neuen Strukturen führt, hat **Christian A. Schwarz** aufgrund internationaler Studien seit den 1990er-Jahren mehrfach betont: *„Leiter wachsender Gemeinden konzentrieren ihre Arbeit darauf, andere Christen zum Dienst zu befähigen."* Schwarz, auf den das Konzept der „Natürlichen Gemeindeentwicklung" zurückgeht, benennt *„bevollmächtigende Leiterschaft"* als ein wesentliches Qualitätsmerkmal von gesund wachsenden Gemeinden. Die leitenden Mitarbeiter *„befähigen, unterstützen, motivieren und begleiten die einzelnen Gemeindemitglieder, damit sie schließlich zu dem werden, was Gott schon immer mit ihnen vorhatte."* [16]

In gleicher Weise mahnt **Michael Herbst**, Professor für Praktische Theologie in Greifswald, dass wir die tiefsitzende Mentalität der *„Betreuungskirche"* überwinden müssen (2001): *„Charismatische Gemeinde ist mitarbeitende Gemeinde, und das heißt: Sie ist Beteiligungskirche."* Dabei stehen die Mitarbeitenden *„im Auftrag und in der Sendung Jesu ... Ihre Mitarbeit ist Jüngerschaft."* [17] Zusammen mit **Peter Böhlemann**, dem Leiter des Pastoralkollegs in Westfalen, schreibt er ein Jahrzehnt später (2011): *„Wir haben in der Theologie den Fehler gemacht, fast alle im Neuen Testament genannten Charismen strukturell im Pfarramt zu verankern."* Stattdessen gilt für die Zukunft der Kirche: *„Die Amtsträger sollen die Christen ‚zurüsten'; aber sie sollen nicht selbst alle Funktionen in der Kirche wahrnehmen."* [18]

Für die katholische Kirche weisen die **Texte des 2. Vatikanischen Konzils** (1962-1965) in eine ähnliche Richtung: *„Die Priester müssen also ihr Leitungsamt so ausüben, dass sie nicht das ihre, sondern die Sache Jesu Christi suchen. Sie müssen mit den gläubigen Laien zusammenarbeiten und in deren Mitte dem Beispiel des Meisters nachleben, der zu den Menschen ‚nicht kam, sich bedienen zu lassen, sondern zu dienen'. ... Die Priester sollen die Würde der Laien ... anerkennen und fördern."* Sie sollen *„die vielfältigen Charismen der Laien, schlichte wie bedeutendere, mit Glaubenssinn aufspüren, freudig anerkennen und mit Sorgfalt hegen. ... Ebenso sollen sie vertrauensvoll den Laien Ämter zum Dienst in der Kirche anvertrauen"* und sie *„dazu ermuntern, auch von sich aus Aufgaben in Angriff zu nehmen"* (Dekret über Dienst und Leben der Priester, 9).

Zu Kapitel 3

Die Taufe und der Heilige Geist

- Das griechische Wort für „taufen" (*baptizein*) bedeutet ursprünglich *„eintauchen"*. Es ist eindeutig, dass man dabei vollkommen nass wurde (vgl. 2 Kön 5,14). Das Judentum kannte den Brauch einer rituellen Reinigung im „Tauchbad" (Mikwe) schon zur Zeit von Jesus. **Johannes** „der Täufer" hat die Taufe also nicht erfunden, deren Bedeutung jedoch neu geprägt und inhaltlich gefüllt. Entscheidend ist bei ihm die Motivation der *„Umkehr"* (Mk 1,4; Apg 2,38).
- Das Verb kann auch *„eintunken"* bedeuten, etwa beim *Färben* eines Kleidungsstücks. Gott will in der Tat „neue Farbe" in unser Leben bringen und uns durch seinen Geist ganz durchdringen!
- Ein weiterer Vergleich aus der Küche kann uns helfen: Beim Marinieren wird Fleisch in Gewürze und Öl eingelegt, damit es den *Geschmack annimmt*. Auf diese Weise wird es aromatischer und zarter – aber der Prozess des „Durchdringens" braucht Zeit! Vom Heiligen Geist sagt Paulus:

  „Wir sind ja alle durch einen Geist in einen Leib hineingetauft worden ...,
  und wir sind alle getränkt worden zu einem Geist" (1 Kor 12,13 | SLT).

  Das griechische Wort *„tränken"* meint auch: *eingeflößt* oder *zu trinken bekommen* (vgl. Mt 10,42).
- Dann steckt im Wort *baptizein* auch der Aspekt der Reinigung. **Paulus** nennt die Taufe ein *„Bad der Wiedergeburt"*: Gott hat *„den Schmutz der Sünde von uns abgewaschen und hat uns zu neuen Menschen gemacht"*, und zwar *„durch die erneuernde Kraft des Heiligen Geistes"* (Tit 3,5).
- Im Sinne von *„untertauchen"* wird im Neuen Testament vom „Sterben" unseres alten Lebens gesprochen, das die Taufe symbolisiert:

  „Durch die Taufe sind wir mit Christus gestorben und begraben.
  Und genauso wie Christus durch die herrliche Macht des Vaters von den Toten auferstanden ist, so können auch wir jetzt ein neues Leben führen"
  (Röm 6,4 | NLB).

  Dabei wird durch **Petrus** an die Geschichte von der Arche erinnert, die inmitten einer untergehenden Welt in eine neue Zeit hinüberrettete (1 Pt 3,20-21).

- Von Johannes dem Täufer stammt der prophetische Satz, den **Jesus** selbst später wieder aufgreift:

  „Ich taufe mit Wasser; aber bald kommt einer, der stärker ist als ich – so viel gewaltiger, dass ich nicht einmal wert bin, sein Diener zu sein. Er wird euch mit dem Heiligen Geist und mit Feuer taufen“
  (Lk 3,15–16 | NLB; vgl. Apg 1,5.22; 11,16).

  Die Wassertaufe erreicht uns körperlich von außen. Wenn wir im Geist „getauft“ werden, berührt dies unseren inneren Menschen. So unterscheidet auch der Brief an die Hebräer „eine äußerliche Reinheit“ durch bestimmte Rituale von einer Reinigung „bis in unser Innerstes“ durch das vergossene Blut Christi (Heb 9,13–14).

- In den ersten Jahrhunderten gab es vermutlich nur die Taufe von Erwachsenen. Die Kindertaufe wird spätestens seit dem frühen 3. Jahrhundert bezeugt, ab dem 4. Jahrhundert wurde sie der Normalfall in dem Maß, wie das Christentum staatlich begünstigt wurde. Dass zur Zeit der Apostel schon Kinder getauft wurden, ist nach dem Zeugnis des Neuen Testaments eher unwahrscheinlich, aber nicht auszuschließen (vgl. Apg 16,15.34: *„mit ihrem / seinem ganzen Haus ...“*).

- Entscheidend war jedoch zur Zeit der Kirche im Römischen Reich die Erwartung, dass im Rahmen der Wassertaufe Menschen auch „im Geist getauft“ werden. So schreibt **Tertullian** († ca. 225) in seinem Buch „Über die Taufe“: *„Nicht, dass wir im Wasser den Heiligen Geist erlangten, sondern wir werden im Wasser ... gereinigt, für den Heiligen Geist vorbereitet ...“* Direkt auf die Taufe *„folgt die Handauflegung, womit durch einen Segensspruch der Heilige Geist herbeigerufen und eingeladen wird.“* Ebenso bezeugt der Kirchenvater **Origenes** († ca. 254): *„Der Geist kam in einer offenkundigen Weise auf die Getauften herab.“*

- **Cyprian**, der im Jahr 258 zum Märtyrer wurde, berichtet: *„Diejenigen, die in der Kirche getauft werden, bringt man vor die Vorsteher der Kirche, und durch unser Gebet und unsere Handauflegung erlangen sie den Heiligen Geist und die Vollendung durch das Siegel des Herrn.“* Die Realität der Christenverfolgung, die schon im Buch der Offenbarung präsent ist (vgl. 2,10), stand damals jedem Taufbewerber vor Augen. Wer an Jesus glaubte, riskierte sein Leben! Umso tröstlicher war der Gedanke an das *„Siegel des Herrn“*: Gott schützt die Seinen und bringt sie sicher bis ans Ziel (vgl. Offb 7,3–4; 9,4; 14,1).

Erfüllung mit dem Heiligen Geist: historische Beispiele

John Wesley (1703–1791) wurde durch die Gründung einer Studentengruppe in Oxford zum Vater der sogenannten Methodistischen Erweckung. Durch die Betonung der persönlichen Hingabe an Jesus und eines Lebens in „Heiligkeit" löste er eine Bewegung aus, die England im 18. Jahrhundert tiefgreifend veränderte. Von der Liebe Gottes motiviert, setzten sich seine Schüler unermüdlich für die Abschaffung der Sklaverei in den britischen Kolonien ein (1833), gründeten unter Einsatz ihres Lebens die ersten Gewerkschaften und kämpften für Reformen in Schulen, Fabriken und Gefängnissen. Man kann zu Recht von einer gesellschaftlichen Transformation auf den britischen Inseln sprechen, die ohne den geistlichen Aufbruch unter Wesley so nicht zustande gekommen wäre. Durch die Gemeinschaft in verbindlichen Kleingruppen wurden überall auf den britischen Inseln Menschen in ihrem Glaubensleben geschult und Multiplikatoren der Erweckungsbewegung ausgebildet. Wesley schildert in seinen Tagebüchern, wie der Heilige Geist am Neujahrstag 1739 auf die Teilnehmer einer Gebetsversammlung „herabkam":

„Gegen drei Uhr morgens, als wir im inständigen Gebet fortfuhren, kam die Kraft Gottes mächtig auf uns herab, so sehr, dass viele in überschwänglicher Freude laut riefen und viele zu Boden fielen. Sobald wir uns ein wenig von der Ehrfurcht und dem Staunen über die Gegenwart Seiner Majestät erholt hatten, brach es einstimmig aus uns hervor: Wir loben Dich, o Gott, wir erkennen Dich als Herrn an." [19]

Einer der bekanntesten Prediger der methodistischen Erweckung, Thomas Walsh, schreibt 1750: *„Heute Morgen schenkte mir der Herr eine Sprache, die ich nicht kenne, durch die meine Seele auf wunderbare Weise zu ihm emporgehoben wurde."* [20]

Charles G. Finney (1792–1875) war einer der einflussreichsten Evangelisten Nordamerikas im 19. Jahrhundert. Man rechnet mit einer halben Million Menschen, die durch ihn zum lebendigen Glauben kamen. Als Jurist von außergewöhnlich scharfem Intellekt erlebte er 1821 eine tiefgreifende Bekehrung. Von da an widmete er sich intensiven theologischen Studien, bekam 1824 die Zulassung zum Predigtdienst und wurde 1835 Professor der Theologie in Ohio. Legendär sind seine „Lectures on Revivals of Religion", Grundlagen einer Theologie der Erweckung (1835). Finneys vollmächtige Verkündigung und sein tiefer Eindruck auf die Hörer lassen sich nur aufgrund seiner persönlichen Erfahrung mit dem Heiligen Geist verstehen, die er als seine „*Geistestaufe*" bezeichnete:

„Klar und deutlich, von wunderbarem Glanz umstrahlt, stand das Bild Jesu Christi vor meiner Seele, sodass ich ihn von Angesicht zu Angesicht zu sehen meinte. ... Er sagte kein Wort, aber sah mich mit einem Blick an, der mich in den Staub warf. Wie gebrochen sank ich zu seinen Füßen nieder und weinte wie ein Kind ... Soeben war ich im Begriff, mir einen Stuhl zu holen, um mich an den Kamin zu setzen, da strömte plötzlich der Geist Gottes auf mich nieder und überflutete mich ganz und gar ... Es war mir, als stehe ich unter dem Einfluss eines elektrischen Stroms, der mir durch und durch ging. Liebeswelle auf Liebeswelle schien sich über mich zu ergießen ...“ [21]

Hudson Taylor (1832–1905) bekehrte sich mit 17 Jahren im Arbeitszimmer seines Vaters. Seine Mutter, die sich 80 km entfernt bei ihrer Schwester aufhielt, betete zu dieser Zeit für ihren Sohn. Sie blieb so lange dran, bis ihr der Heilige Geist die Gewissheit gab, ihr Gebet wäre erhört. Auch seine Schwester Amalia hatte in ihr Tagebuch geschrieben: *„Ich werde jeden Tag für Hudsons Bekehrung beten.“* Seine Begegnung mit Gott beschreibt Hudson, *„als durchflutete der Heilige Geist meine Seele mit Licht. Ich konnte gar nicht anders, als auf die Knie zu fallen, diesen Heiland und seine Rettung anzunehmen und ihn auf ewig zu preisen.“* [22] Taylor weiht sein Leben Gott und empfindet, dass Gott ihn in China gebrauchen möchte. Noch vor Abschluss seines Medizinstudiums reist der 21-jährige Engländer aus. Als Europäer überraschte er viele damit, dass er sich wie die Chinesen kleidete, deren Kultur respektierte und mehrere chinesische Dialekte sprach. 1865 entstand die „China-Inland-Mission“, mit rund 1.000 Mitarbeitern noch zu Taylors Lebzeiten zeitweise die größte Missionsgesellschaft der Welt.

Hudson Taylor lebte vollständig aus Glauben und erlebte zahlreiche Wunder der finanziellen Versorgung. *„Der Herr regiert; darin liegt unsere Freude und Ruhe.“* Mit wachsenden Herausforderungen und persönlichen Schicksalsschlägen wurde ihm die Abhängigkeit von Gott und die Kraft des Heiligen Geistes immer wichtiger. *„Preist Gott, der immer bei uns bleibt. Diese Kraft ist nicht eine Gabe des Heiligen Geistes. Er selbst ist die Kraft.“* Kritisch bemerkt er: *„Wir haben zu viel Aufmerksamkeit der Methode, dem Getriebe sowie den Hilfsmitteln gewidmet und uns zu wenig um die Quelle der Kraft gekümmert.“* [23]

Als die Missionsarbeit 1873 mit einer Reihe von Rückschlägen konfrontiert ist, schreibt Hudson Taylor an seine Frau: *„Nur eine Taufe mit dem Heiligen Geist kann uns aus diesen Schwierigkeiten helfen.“* Und 1892 wendet er sich in einem Rundschreiben an alle Mitarbeiter der „China-Inland-Mission“: *„Was in unseren Tagen alle Missionen zuerst benötigen, das ist die deutlich erkennbare Gegenwart des Geistes. ... Manche mögen denken: Wären wir hinsichtlich Methodiken* *und Hilfsmitteln nur besser ausgerüstet, dann sähe alles anders aus. Doch mir ist klar geworden, es geht nicht um solche Belange. Was wir brauchen, ist göttliche Kraft! ... Sollten wir nicht besser unsere gegenwärtige Tätigkeit aussetzen, uns demütigen und ausschließlich um den Heiligen Geist beten und uns so zurüsten lassen, damit seine unwiderstehliche Kraft durch uns wirken kann? ... Wer immer im Glauben Gottes Segen sucht, den segnet er jetzt. Es ist alles bereit, wenn wir bereit sind."*[24]

„Singen im Geist" – zur Praxis des Sprachengesangs

> *„Was folgt daraus? Ich will im Geist beten, ich will aber auch mit dem Verstand beten; ich will im Geist lobsingen, ich will aber auch mit dem Verstand lobsingen"* (1 Kor 14,15 | ZB).

In diesem Grundsatzkapitel über die beiden Charismen Prophetie und Glossolalie stellte Paulus zwei Arten des Betens und Singens gegenüber: *„mit dem Verstand"* und *„im Geist"*. Das griechische Verb *psallo* meint hier nicht „Psalmen singen", wie wir es mit dem aufgeschlagenen Gebetbuch in der Hand tun. *„Im Geist lobsingen"* ist eine andere Bezeichnung für **„Sprachengesang"** – im Gegensatz zum Singen oder Beten mit erlernten Worten. Nobert Baumert, der über viele Jahre theologischer Vordenker der katholisch-charismatischen Erneuerung war, schreibt zu diesem Pauluswort:

> *„Es ist heute ein sehr häufiges Phänomen, dass eine ganze Versammlung ‚in Sprachen singt' (also ohne verständliche Worte), aber es gibt auch das Phänomen, dass ein Einzelner vom Geist zu einem Lied in Sprachen inspiriert wird, also in Worten, die er nicht versteht. ... Dies ist nicht einfach natürliche Spontaneität oder Improvisation, sondern hat eine andere Qualität, da das Singen aus der vom Heiligen Geist erfüllten Mitte des Menschen kommt."* [25]

Vom Geist **inspiriertes Singen** gehörte in den ersten Jahrhunderten zum „normalen" Gottesdienst der ersten Christen. *„Wenn ihr zusammenkommt, so hat jeder von euch etwas: einen Psalm, eine Lehre, eine Sprachenrede, eine Offenbarung, eine Auslegung; lasst alles zur Erbauung geschehen"*, beschreibt Paulus das Gemeindeleben in Korinth (1 Kor 14,26 | SLT). Die Jesusbewegung war eine singende Bewegung (vgl. Apg 16,25; Jak 5,13). Einige der frühchristlichen Märtyrer starben mit Lobgesang auf ihren Lippen.

Auch der Kirchenvater Augustinus war offenbar mit „Lobgesang im Geist" vertraut. In seinem Kommentar zu den Psalmen gibt er folgende Beschreibung:

> *„Wer jubiliert, spricht keine Worte aus, sondern einen bestimmten Freudenlaut ohne Worte; denn es ist die Stimme der Seele, die in Freude hervorströmt und soweit möglich ausdrückt, was sie fühlt, ohne sich über die Bedeutung Gedanken zu machen."* [26]

Traditionell wird ihm und Ambrosius, dem Bischof von Mailand, der altkirchliche **Wechselgesang** „Te Deum laudamus" zugeschrieben, aus dem später das bekannte Kirchenlied „Großer Gott, wir loben dich" hervorging (EG 331). Die Wurzel für das „Te Deum" liegt aber wohl eher in der Ostkirche. Jedenfalls war Lobpreis mit improvisierten Melodien in den ersten Jahrhunderten ein normaler Bestandteil der „Liturgie". Die frühmittelalterliche „Kirchenmusik" ist mit Papst Gregor (540–604) verbunden, nach dem der Gregorianische Choral benannt ist. Seine harmonischen Wurzeln liegen unter anderem im Psalmengesang der jüdischen Gemeinden.

Für die **musikalische Leitung** einer gemeinsamen Zeit des Lobpreises, bei der auch Sprachengesang angestimmt werden soll, empfiehlt sich die Pentatonik („Fünfton-System"). In der C-Dur-Skala sind das die Töne C, D, E, G, A (also keine Halbtonschritte). Eine ähnliche Harmonik findet sich in der Abstimmung vieler Glocken (Beispiel: Die Dresdner Kreuzkirche hat Glocken in der Stimmung E, G, A, H, D). Dieses pentatonische Grundmuster lässt sich gut zugrunde legen, wenn man von seinem Instrument aus geistgewirktes Singen anregen will. Wer Lobpreis leitet, sollte nicht nur sensibel sein für die Leitung des Heiligen Geistes, sondern auch die harmonischen Grundlagen auf seinem Instrument beherrschen (in der Regel Gitarre oder Klavier). Wenn man einen Akkord für eine Weile stehen lässt, ohne dabei eine Melodie zu provozieren, entsteht ein Klangraum, in dem inspiriertes Singen entstehen kann. Dieser musikalische „Teppich" im Hintergrund bewahrt die Gruppe davor, harmonisch auseinanderzufallen und sich chaotisch zu entwickeln.

„Singen im Geist" kann sowohl für das persönliche Glaubensleben als auch für das Miteinander in einer kleineren oder größeren Gruppe zur aufbauenden Erfahrung werden. Oft ist die Atmosphäre danach frei und wirkt „gereinigt". Gottes Geist ist spürbar im Raum, Einzelne empfangen prophetische Eindrücke und es entsteht ein erwartungsvolles **Hinhören**. Sprachengesang bleibt immer etwas Vorläufiges, für uns Menschen Geheimnisvolles – und gibt uns doch einen Vorgeschmack auf *„ein neues Lied"*, das wir im Himmel singen werden (Offb 14,3).

Wissenswertes zum gesamten Thema

Ein Jahrhundert des Heiligen Geistes

„Geistvergessenheit" in der Kirche ...

Im Jahr 1945, als der deutsche Protestantismus nach der Katastrophe des „Dritten Reiches" einen Neubeginn suchte, fand der Schweizer Theologe **Emil Brunner** deutliche Worte: *„Wir sind eine arme Christenheit – trotz unserem Reichtum an Bibel, an Predigten, an Unterricht, an Theologie, an Literatur, an kirchlichen Werken und Organisationen, weil wir arm sind an heiligem Geist. Nicht gänzlich ohne ihn,"* wir sind jedoch arm *„an den Kräften des heiligen Geistes, wie sie uns im Bild der neutestamentlichen Gemeinde entgegentreten."*[27]

In den 1960er-Jahren sprach **Wolfgang Trillhaas** in seiner Dogmatik von der *„Verlegenheit der Kirche angesichts des Pfingstfestes und der Pfingstpredigt"*. Für ihn ist das Erbe der evangelischen Theologie seit Martin Luthers *„Abwehr des Enthusiasmus ... mit einem tiefsitzenden Misstrauen gegen jede Berufung auf den Hl. Geist"* behaftet. Dies habe zu einer Lähmung im Blick auf eine eigenständige Lehre vom Heiligen Geist geführt. *„Die Angst vor einer missbräuchlichen Berufung auf den Hl. Geist ist zu einer dogmatischen Angst vor dem Hl. Geist geworden."*[28]

Etwa zur selben Zeit prägte der Berliner Theologe **Otto Dilschneider** den Begriff der *„Geistvergessenheit der Theologie"*. In seinem Buch „Geist als Vollender des Glaubens" (1978) schließlich stellt er die ungewöhnliche These auf: *„Wir werden genötigt sein, von Pfingsten her den gesamten theologischen Corpus des ersten und des zweiten Artikels neu zu überdenken."* Schließlich sei Pfingsten kein Anhängsel der Heilsgeschichte, meint Dilschneider, sondern *„gehört mit hinein in den Lebensbericht des Herrn"*. Das bedeutet für unser theologisches Denken: *„Wir können hinter Pfingsten nicht mehr zurückgehen. ... Das Bekenntnis zum Heiligen Geist ist die Eingangspforte in den Bereich unseres christlichen Glaubens und seiner Glaubensinhalte."*[29]

Damit führt er einen gedanklichen Ansatz seines Lehrers **Karl Barth** weiter, der noch in seinem Todesjahr (1968) über *„die Möglichkeit einer Theologie des 3. Artikels, beherrschend und entscheidend also des Heiligen Geistes"* nachdachte. *„Was ich gelegentlich träume hinsichtlich der Zukunft der Theologie"*, müsse in diese Richtung zielen, doch *„ich werde diese Zukunft nicht mehr erleben"*. Barth macht jedoch den Weg gedanklich frei für einen Neuansatz gegenüber dem traditionellen Aufbau der christlichen Dogmatik: *„Ich denke, wir alle, in allen Konfessionen und Kirchen, haben es dringend nötig, auch diese dritte Person, den Heiligen Geist, viel ernster zu nehmen, als es in der Regel geschieht. ... Alles, was von Gott dem Vater und Gott dem Sohn im Verständnis des ersten und zweiten Artikels zu glauben, zu denken und zu sagen ist, wäre in seiner Grundlegung durch Gott, den Heiligen Geist ... aufzuzeigen und zu beleuchten."* [30]

Seitdem wurde zwar weitere Literatur einer „Theologie des Heiligen Geistes" veröffentlicht, [31] doch große Entwürfe, wie sie Karl Barth mit seiner „Kirchlichen Dogmatik" hinterlassen hat, sind ausgeblieben. Inzwischen ist auch die Evangelische Theologie von dem Bewusstsein geprägt, dass der Schwerpunkt der internationalen Christenheit sich längst von Europa wegbewegt hat und große Teile der Kirche in Asien, Afrika und Lateinamerika „charismatisch" geprägt sind, wenn auch nicht immer mit diesem Etikett. Zu unserer kirchlichen Situation im ehemals „christlichen Abendland" äußerte sich **Jürgen Moltmann** in den 1970er-Jahren: *„Es gibt heute viele Kirchen und Gemeinden, die durchaus nicht vom Enthusiasmus bedroht sind, sondern vielmehr unter der Dämpfung des Geistes leiden."* [32] Eine ähnlich bedauerliche Einschätzung gab **Horst Georg Pöhlmann** im „Abriss der Dogmatik" (Erstauflage 1973) ab: *„Der Hl. Geist ist heute weithin der ‚unbekannte Gott'. Die Pneumatologie scheint in die Freikirchen und Sekten ausgewandert zu sein."* Dabei sei doch gerade der Heilige Geist *„der Christus praesens. Das Spezifikum des Hl. Geistes besteht darin, dass ich durch ihn die Gegenwart Christi hier und heute spüre, sodass mein Herz brennt."* [33]

Auf katholischer Seite schrieb **Walter Kasper** zur selben Zeit (1976): *„Eine Erneuerung der Pneumatologie dürfte gegenwärtig zu den wichtigsten Aufgaben der Theologie gehören."* Dabei hatte Kasper, der später Bischof und Sekretär des Päpstlichen Rates zur Förderung der Einheit der Christen wurde, *„nicht nur die Erneuerung der Kirche"* im Blick. *„Auch eine erneuerte Theologie der Welt und jede theologische Auseinandersetzung mit den neuzeitlichen Ideologien und Utopien ... ist nur im Rahmen einer erneuerten Pneumatologie möglich."* [34]

So weit diese kurze Auswahl an Stimmen aus der Welt der deutschen akademischen Theologie. Man gewinnt allerdings den Eindruck, dass sich viele Gemeinden inzwischen eher unbewusst für die charismatische Dimension geöffnet haben, ohne ausdrücklich eine „Theologie des Geistes" zu suchen. Die Sehnsucht nach mehr Spiritualität ist in fast allen Konfessionen zu spüren, vor allem bei jüngeren Leuten. In den letzten Jahrzehnten sind viele neue Gemeindeformen und Initiativen entstanden, die dieser Sehnsucht in der Regel mehr Raum geben als die traditionellen Kirchen. Die „christliche Szene" sortiert sich auch hierzulande neu!

... und neue Sehnsucht nach dem Geist

„Wir erleben in der Kirche einen Zeitabschnitt, der in besonderer Weise vom Heiligen Geist gekennzeichnet ist.“ Dies war die Überzeugung von **Papst Paul VI.** (1963–1978). Die charismatische Bewegung in der katholischen Kirche bezeichnet er auf ihrem ersten Weltkongress 1975 als *„eine Chance für die Kirche und die Welt“*. Die päpstlichen Nachfolger blieben auf dieser Linie: *„Es ist mein Wunsch, dass sich eine pfingstliche Spiritualität in der Kirche ausbreite, die sich zeigt im neuen Eifer im Gebet, in der Heiligkeit, im Gemeinschaftsleben und in der Verkündigung“*, formulierte **Papst Johannes Paul II.** (1978–2005). Bei einem Treffen der neuen Laienbewegungen an Pfingsten 1998 begrüßte er diese als eine *„Antwort des Heiligen Geistes“* auf die kirchlichen Herausforderungen in unserer Zeit. Seiner Kirche rief er damals zu: *„Nehmt die Charismen dankbar und gehorsam an, die der Geist uns unaufhörlich schenkt!“* Ähnlich äußerte sich **Papst Benedikt XVI.** (2005–2013) auf dem Weltjugendtag in Australien im Jahr 2008: *„Gemeinsam wollen wir den Heiligen Geist anrufen und Gott vertrauensvoll um die Gabe eines neuen Pfingsten für die Kirche und die Menschheit des dritten Jahrtausends bitten.“*

Besonders die charismatische Bewegung in der katholischen Kirche sieht sich als Antwort auf das Gebet, zu dem **Papst Johannes XXIII.** (1958–1963) seine Kirche anlässlich des Zweiten Vatikanischen Konzils (1962–1965) aufgerufen hatte: *„Herr, erneuere deine Zeichen und Wunder in unseren Tagen, wie in einem neuen Pfingsten.“* Tatsächlich sind vom „Zweiten Vaticanum“ wichtige Impulse zur Reform der katholischen Kirche ausgegangen, deren Umsetzung teilweise noch aussteht. Die **Charismatische Erneuerung in der katholischen Kirche** (CE in Deutschland, international „CHARIS“) führt ihren Beginn auf einen geistlichen Aufbruch unter Studenten in Pittsburgh (USA) im Jahr 1967 zurück. Bei ihren Einkehrtagen erlebten sie eine *„Ausgießung des Geistes“* mit begleitenden Zeichen wie im Neuen Testament. Rasch entwickelte sich daraus eine Bewegung, zu der sich 30 Jahre später weltweit rund 370 Mio. Katholiken zählten.[35]

Die charismatische Bewegung innerhalb der Evangelischen Kirche sieht sich ebenfalls in einem internationalen Zusammenhang. Wichtige Impulse kamen in den 1960er-Jahren durch die Einladung des lutherischen Pfarrers Larry Christenson aus den USA nach Deutschland. Wenige Jahre später entstand das ökumenische Lebenszentrum „für die Einheit der Christen“ auf Schloss Craheim, wo über viele Jahrzehnte charismatische Frömmigkeit eingeübt und theologisch reflektiert wurde. Parallel dazu entwickelte sich in der DDR eine verstärkte Offenheit für charismatische Erfahrungen durch Rüstzeiten und „Kirchenwochen“.

Auf den jährlichen „Sommerkonferenzen" kamen in Ost-Berlin Gläubige aus der DDR und Gäste aus Osteuropa zusammen. Die prägende Persönlichkeit war dabei Paul Toaspern, der für einen soliden theologischen Diskurs über Heilig-Geist-Erfahrungen stand.

Im Westen konstituierte sich 1979 die **Geistliche Gemeinde-Erneuerung** (GGE), für ein Jahrzehnt unter der Führung von Wolfram Kopfermann in Hamburg. 1986 sprach er die konkrete Erwartung aus, *„dass Gott diesem Land einen Aufbruch schenken will"*. Im Blick auf die Kirche formulierte er: *„Erweckung ist nicht eine Sondergestalt der Kirche, sondern ist Kirche nach dem Herzen Gottes, also normale Kirche."* [36] 1991 wurde die Vereinigung der GGE Ost und West vollzogen. Zur selben Zeit begannen die „Versöhnungswege" mit Gebetsreisen in 23 Länder, in denen während der NS-Zeit durch Deutsche massives Unrecht geschehen war. Das Gebet für unser Land war immer ein wesentlicher Schwerpunkt der GGE, ebenso die Versöhnung mit Israel und die Begegnung mit messianischen Juden als unseren „älteren Geschwistern".

Wichtige Impulse zur „Evangelisation" bzw. „Heilung in der Kraft des Geistes" kamen in der zweiten Hälfte der 1980er-Jahre durch die Einladung von John Wimber (USA) nach Deutschland. In den 1990er-Jahren veranstaltete die GGE große „Gemeindekongresse", auf denen sich auch eine Annäherung mit den Evangelikalen vollzog. Zugleich wurde sie Wegbereiter für die Einführung von Alpha-Kursen in Deutschland und schuf durch die Einladung von Bill Hybels die Voraussetzungen für die späteren Kongresse von „Willow Creek". 1989 schrieb der Landesbischof von Bayern, Johannes Hanselmann: *„Ich bin dankbar, dass diese Erneuerungsbewegung ... in unseren Kirchen Heimat sucht und hoffentlich vermehrt findet."* [37]

Die GGE Deutschland hat einer ganzen Generation Hoffnung gemacht für Erneuerung auch innerhalb der Landeskirchen. Sie hat neue Gottesdienstformen hervorgebracht, eine heute weithin akzeptierte Lobpreis-Kultur gefördert und Mut gemacht zum Dienst der Segnung, Salbung und Heilung. Und *„die charismatische Erneuerung in den Volkskirchen hat die Frage nach dem Entscheidungscharakter des christlichen Glaubens neu in den Mittelpunkt gestellt"*. Die *„christliche Grunderfahrung"* der *„Lebensübergabe an Jesus Christus"* (andere sprechen von Bekehrung oder auch Tauferneuerung) bekam einen neuen Stellenwert (Siegfried Großmann). [38] Außerhalb der verfassten Kirchen hat die charismatische Bewegung seit den 1980er-Jahren zur Gründung von vielen Hunderten neuen Gemeinden und Initiativen geführt. Die kirchliche „Landschaft" hierzulande ist inzwischen deutlich vielfältiger geworden!

Bewegungen des Geistes weltweit

Weniger bekannt ist folgender geheimnisvoller Zusammenhang am Beginn des 20. Jahrhunderts: Angeregt durch Briefe der italienischen Ordensschwester Elena Guerra ließ **Papst Leo XIII.** (1878–1903) für die Zeit von Himmelfahrt bis Pfingsten ein neuntägiges Gebet (Novene) zum Heiligen Geist ausrufen. Am 1. Januar 1901 rief er mit dem alten Hymnus „Veni Creator Spiritus" den Heiligen Geist auf das 20. Jahrhundert herab.

Am selben Neujahrstag erlebte fernab von Rom eine Gruppe junger Bibelschüler in Topeka (Kansas, USA) den Heiligen Geist und empfing das Sprachengebet, was sie als ihre persönliche *„Taufe des Heiligen Geistes"* bezeichneten. Daraus entstand ab 1906 die **Pfingstbewegung**, deren „Wiege" ein Versammlungsort in der Azusa Street, einem Armenviertel von Los Angeles, wurde. Innerhalb von zwei Jahren erreichte die Pfingstbewegung alle Kontinente und kam 1907 auch nach Deutschland. Zunächst waren es hier Kreise der Evangelischen Allianz, die mit ihr große Hoffnungen verbanden. Schon Jahre zuvor hatte man aufmerksam Erweckungen in England beobachtet und empfand den geistlichen Mangel in den eigenen Reihen. *„Es fehlt uns die Salbung! … Der Heilige Geist ist wohl in uns, aber wir sind nicht voll von Ihm. Es ist tiefe Ebbe; möchte es doch bald eine Flut werden!"* [39], hieß es 1903 im Mitteilungsblatt der Evangelischen Allianz. Die deutsche **Gemeinschaftsbewegung** hoffte damals weithin auf einen geistlichen Neuaufbruch für Deutschland.

In die Geschichte eingegangen ist eine Veranstaltungsreihe in Kassel im Sommer 1907, wo es durch unreifen Umgang mit Geistesgaben zu Auswüchsen und Fehlentwicklungen kam. Die Folge waren generelle Verurteilungen und Verdächtigungen gegenüber der „Zungenbewegung". In der evangelischen Kirche Deutschlands spaltete sich ein „evangelikaler Teil" (wie wir heute sagen würden) von der neuen Bewegung des Geistes mitsamt den auftretenden Charismen ab. Mit der **„Berliner Erklärung"** von 1909 fällten fast 60 Verantwortliche aus Kreisen der Evangelischen Allianz ein kompromissloses Urteil über die noch junge und unausgereifte Pfingstbewegung: *„Die sogenannte Pfingstbewegung ist nicht von oben, sondern von unten … Es wirken in ihr Dämonen, welche, vom Satan mit List geleitet, Lüge und Wahrheit vermengen, um die Kinder Gottes zu verführen."* Diese Sicht wurde nun überall im Land verbreitet! [40]

Seit den 1990er-Jahren hat es wichtige Schritte der Verständigung und der Versöhnung gegeben, und die Gräben zwischen den „Lagern" sind heute größtenteils überwunden. Vor allem die jüngere Generation kennt kaum noch die belastende Vorgeschichte rund um die Heilig-Geist-Frage und lebt frei ihren Glauben. Sie erlebt vielfach die Gaben des Heiligen Geistes oder sehnt sich danach, meist ohne sich dem „charismatischen Flügel" zuzurechnen.

Während sich aus der weltweiten Pfingstbewegung eigene Denominationen entwickelt haben, die heute zur Familie der weltweiten „Pfingstkirchen" gehören, hat sich der charismatische Aufbruch seit den 1960er-Jahren quer durch alle Konfessionen ausgebreitet. Dieses Phänomen des 20. Jahrhunderts ist kirchengeschichtlich bisher einmalig. Wie ein Sauerteig hat eine Bewegung des Geistes die bestehenden Kirchen durchdrungen und zur Erneuerung ungezählter Gemeinden geführt. Weite Teile der anglikanischen Kirchen sind heute „charismatisch" geprägt. Aber auch im Bereich der Baptisten und der Methodisten gibt es hierzulande eine „Geistliche Gemeinde-Erneuerung". Im Jahr 2000 zählten sich rund 500 Mio. Menschen weltweit zum pfingstlich-charismatischen Aufbruch. Dieser „Flügel" der Christenheit wächst am stärksten, hat die größte Anziehungskraft und wirkt am stärksten missionarisch in den Nationen. In weiten Teilen der Kirche werden heute selbstverständlich „charismatische" Erfahrungen gemacht, Heilungen und Zeichen und Wunder von biblischer Dimension erlebt (beispielsweise in China oder in islamisch geprägten Staaten), ohne dass sich Christen dort offiziell zur pfingstlich-charismatischen Bewegung zählen würden. Gottes Geist weht – wo er will und wie er will.

„Wir erleben in der Kirche einen Zeitabschnitt, der in besonderer Weise vom Heiligen Geist gekennzeichnet ist."

Papst Paul VI. (1963–1978)

„Das Bekenntnis zum Heiligen Geist ist die Eingangspforte in den Bereich unseres christlichen Glaubens und seiner Glaubensinhalte."

Otto Dilschneider (1904-1991)

Arbeitshilfen

Zentrale Bibelstellen über den Heiligen Geist

Gottes Geist bewirkt neues Leben

„Ich werde Wasser auf Durstige ausschütten und das trockene Land mit Bächen bewässern. Ich werde meinen Geist auf deine Nachkommen und meinen Segen über deinen Kindern ausgießen“ (Jesaja 44,3 | NLB).

„Der Geist ist es, der lebendig macht; das Fleisch [der natürliche Mensch] *ist dazu nicht fähig. Die Worte, die ich zu euch geredet habe, sind Geist und sind Leben“* (Johannes 6,63).

Gott schenkt uns durch seinen Geist ein neues Herz

„Und ich werde euch ein neues Herz geben und euch einen neuen Geist schenken. Ich werde das Herz aus Stein aus eurem Körper nehmen und euch ein Herz aus Fleisch geben. Und ich werde euch meinen Geist geben, damit ihr nach meinem Gesetz lebt und meine Gebote bewahrt und euch danach richtet“ (Ezechiel 36,26–27 | NLB).

Der Heilige Geist erfüllt uns mit Gottes Vaterliebe

„Als [Jesus] nach seiner Taufe betete, öffnete sich der Himmel, und der Heilige Geist kam in sichtbarer Gestalt wie eine Taube auf ihn herab. Und aus dem Himmel sprach eine Stimme: ‚Du bist mein geliebter Sohn, an dir habe ich Freude‘“ (Lukas 3,21–23).

„Die Liebe Gottes ist ausgegossen in unsere Herzen durch den Heiligen Geist …“ (Römer 5,5 | ELB).

Der Heilige Geist ist die Präsenz Jesu in uns

„[Er] wird euch alles lehren und euch an alles erinnern, was ich euch gesagt habe“ (Johannes 14,26).

„Er wird meine Herrlichkeit offenbaren; denn was er euch verkünden wird, empfängt er von mir“ (Johannes 16,14).

„Wisst ihr nicht, dass ihr Gottes Tempel seid und der Geist Gottes in euch wohnt?“ (1. Korinther 3,16 | EÜ).

Der Heilige Geist schenkt uns innere Gewissheit

„Der Geist selbst gibt Zeugnis unserem Geist, dass wir Kinder Gottes sind“ (Römer 8,16 | LUT).

„Woher wissen wir, dass wir in Gott leben und dass Gott in uns lebt? Wir erkennen es daran, dass er uns Anteil an seinem Geist gegeben hat“ (1. Johannes 4,13).

Jesus verspricht uns die Kraft seines Geistes

„Johannes hat mit Wasser getauft, ihr aber werdet mit dem Heiligen Geist getauft werden, und das schon in wenigen Tagen“ (Apostelgeschichte 1,5; 11,16).

„Wenn der Heilige Geist auf euch herabkommt, werdet ihr mit seiner Kraft ausgerüstet werden, und das wird euch dazu befähigen, meine Zeugen zu sein …“ (Apostelgeschichte 1,8).

Der Heilige Geist beschenkt uns mit seinen Gaben

„Es gibt verschiedene Gnadengaben, aber nur den einen Geist. Es gibt verschiedene Dienste, aber nur den einen Herrn. Es gibt verschiedene Kräfte, die wirken, aber nur den einen Gott: Er bewirkt alles in allen“ (1. Korinther 12,4–6 | EÜ).

Der Heilige Geist bewirkt prophetische Rede

„Wollte Gott, dass alle im Volk des HERRN Propheten wären und der HERR seinen Geist über sie kommen ließe!“ (4. Mose/Numeri 11,25–29 | LUT).

„Wenn ihr zusammenkommt, trägt jeder etwas bei: einer einen Psalm, ein anderer eine Lehre, der dritte eine Offenbarung; einer redet in Zungen und ein anderer übersetzt es. Alles geschehe so, dass es aufbaut“ (1. Korinther 14,26 | EÜ).

Gott verspricht uns den Beistand seines Geistes

„Mein Geist soll unter euch bleiben. Fürchtet euch nicht!“ (Haggai 2,5 | LUT).

„Es soll nicht durch Heer oder Kraft, sondern durch meinen Geist geschehen, spricht der HERR Zebaoth“ (Sacharja 4,6 | LUT).

Der Heilige Geist sucht die Beziehung zu uns

„Die Gnade unseres Herrn Jesus Christus und die Liebe Gottes und die Gemeinschaft des Heiligen Geistes sei mit euch allen!“ (2. Korinther 13,13 | LUT).

„Tut nichts, was Gottes heiligen Geist traurig macht! Denn der Heilige Geist ist das Siegel, das Gott euch im Hinblick auf den Tag der Erlösung aufgedrückt hat“ (Epheser 4,30).

Der Heilige Geist stillt unsere tiefste Sehnsucht

„‚Wer Durst hat, soll zu mir kommen und trinken! Wenn jemand an mich glaubt, werden aus seinem Inneren, wie es in der Schrift heißt, Ströme von lebendigem Wasser fließen.' Er sagte das im Hinblick auf den Geist, den die empfangen sollten, die an Jesus glaubten“ (Johannes 7,37–39).

„Der Herr aber ist der Geist; wo aber der Geist des Herrn ist, da ist Freiheit“ (2. Korinther 3,17 | EÜ).

Der Heilige Geist bringt Ewigkeit in unsere Herzen

„Nun ist ja der Geist, der in euch wohnt, der Geist dessen, der Jesus von den Toten auferweckt hat. Und weil Gott Christus von den Toten auferweckt hat, wird er auch euren sterblichen Körper durch seinen Geist lebendig machen, durch den Geist, der in euch wohnt“ (Römer 8,11).

Ausgewählte Gebete zum Heiligen Geist

Atme in mir, du Heiliger Geist,
dass ich Heiliges denke.

Treibe mich, du Heiliger Geist,
dass ich Heiliges tue.

Locke mich, du Heiliger Geist,
dass ich Heiliges liebe.

Stärke mich, du Heiliger Geist,
dass ich Heiliges hüte.

Hüte mich, du Heiliger Geist,
dass ich das Heilige nimmer verliere.
Amen.

Augustinus (354–430) zugeschrieben

Heiliger Geist,
unser Atem, schenke uns Leben,
unser Balsam, heile die Wunden,
unser Feuer, wärme die Herzen,
unser Licht, erhelle unseren Pfad.

Auf dass alle Welt dich preise,
durch Jesus Christus, unseren Retter und Herrn.

Hildegard von Bingen (1098–1179)

Komm herab, o Heilger Geist,
der die finstre Nacht zerreißt,
strahle Licht in diese Welt.
Komm, der alle Armen liebt,
komm, der gute Gaben gibt,
komm, der jedes Herz erhellt.

Höchster Tröster in der Zeit,
Gast, der Herz und Sinn erfreut,
köstlich Labsal in der Not,
in der Unrast schenkst du Ruh,
hauchst in Hitze Kühlung zu,
spendest Trost in Leid und Tod.

Komm, o du glückselig Licht,
fülle Herz und Angesicht,
dring bis auf der Seele Grund.
Ohne dein lebendig Wehn
kann im Menschen nichts bestehn,
kann nichts heil sein noch gesund.

Was befleckt ist, wasche rein,
Dürrem gieße Leben ein,
heile du, wo Krankheit quält.
Wärme du, was kalt und hart,
löse, was in sich erstarrt,
lenke, was den Weg verfehlt.

Gib dem Volk, das dir vertraut,
das auf deine Hilfe baut,
deine Gaben zum Geleit.
Lass es in der Zeit bestehn,
deines Heils Vollendung sehn
und der Freuden Ewigkeit.

Amen. Halleluja.

Pfingstsequenz nach „Veni Sancte Spiritus“. Stephen Langton zugeschrieben (um 1200). Deutsche Übertragung: Maria Luise Thurmair und Markus Jenny (1971)

Komm, Heiliger Geist, heilige uns!
Erfülle unsere Herzen mit brennender Sehnsucht
nach der Wahrheit, dem Weg und dem vollen Leben.

Entzünde in uns dein Feuer,
dass wir selbst davon zum Licht werden,
das leuchtet und wärmt und tröstet.

Lass unsere schwerfälligen Zungen Worte finden,
die von deiner Liebe und Schönheit sprechen.

Schaffe uns neu, dass wir Menschen der Liebe werden,
deine Heiligen, sichtbare Worte Gottes.

Dann werden wir das Antlitz der Erde erneuern,
und alles wird neu geschaffen.

Komm, Heiliger Geist, heilige uns,
stärke uns, bleibe bei uns.
Amen

Aus den Gebeten der Ostkirche

Komm, Heiliger Geist,
und entzünde unsere Herzen in Liebe zu dir.
Komm, du Geist der Kraft,
und bewege unsere Seelen, dass sie hungern und dürsten nach dir.

Erfülle mit deiner Gegenwart die Kirche,
dass dein Friede nicht von ihr weiche.
Segne in ihr jede Verkündigung des Wortes,
jeden Dienst der Liebe, jedes Amt der Leitung.
Schenke uns für die Erneuerung deiner Kirche
Weisheit, Zucht und Frieden.

Du Tröster in aller Not, erbarme dich über uns;
wende deinen Segen nicht von uns ab;
und tue mehr, als wir zu bitten vermögen.
Amen.

Gerhard Tersteegen (1697–1769)

Heiliger Geist,
gib mir den Glauben, der mich vor Verzweiflung und Laster rettet.

Gib mir die Liebe zu Gott und den Menschen,
die allen Hass und alle Bitterkeit vertilgt,
gib mir die Hoffnung,
die mich befreit von Furcht und Verzagtheit.

Lehre mich Jesus Christus erkennen und seinen Willen tun.

Dreieiniger Gott, mein Schöpfer und mein Heiland,
dir gehört dieser Tag. Meine Zeit steht in deinen Händen.

Aus einem Morgengebet von **Dietrich Bonhoeffer** (1943)

Schmücke mein Herz, Herr, mit Deiner Gegenwart;
verwandle es in eine Wohnung für Dich!
Du bist der Gast, den ich erwarte, der Freund, der bei mir bleiben soll.
Ich schmücke mein Haus mit Sehnsucht und Verlangen.
Dann wird der Glanz des Himmels meine Wohnung erhellen.

Papst Johannes XXIII. (1958–1963)

Alte und neue Lieder: Anrufung des Geistes

Atem Gottes / Heil'ger Geist, komm wirke unter uns FJ, 189
Albert Frey, *CCLI 4329033*

Der Geist des Herrn erfüllt das All GL, 347
(Melodie: Melchior Vulpius 1609 / Text: Maria Luise Thurmaier 1941)

Du, Herr, gabst uns dein festes Wort XP, 164 N (15)

Friede wie ein Strom XP, 164 L (12)
John Watson / Hajo Klösel, *CCLI 5373693*

Ihr werdet die Kraft des Heiligen Geistes empfangen (Kanon) EG, 132
(Melodie / Text: Ernst Ruppel 1964)

Komm, erfülle mich / Geist des Vaters FJ, 6
Brian Doerksen / Wolfgang Dennenmoser, *CCLI 5228793*

Komm, Geist Gottes (Holy Spirit) FJ 5,2

Komm, Gott Schöpfer, Heiliger Geist EG, 126
(Melodie: um 1000, Martin Luther 1529 / Text: Martin Luther 1524)

Komm, heil'ger Geist, mit deiner Kraft EG, 564
Klaus Okonek / Joe Raile

Komm, o Herr, mit Kraft LK, 32
Lothar Kosse, *CCLI 4004413*

Komm, o komm, du Geist des Lebens EG, 134
(Melodie: 1693 / Text: Heinrich Held 1658)

O Heiliger Geist, o heiliger Gott EG, 131
(Melodie: Samuel Scheidt 1650 / Text: Johannes Niedling [?] 1651)

O komm, du Geist der Wahrheit EG, 136
Melodie: 1535 / Text: Philipp Spitta 1833, *CCLI 5888401*

Pfingstsequenz XP, 164 T (20)
Johannes Hartl

Ruach, Ruach, Ruach
www.liederdatenbank.de/song/3144

Ströme lebendigen Wassers FJ, 203
Albert Frey, *CCLI 4334248*

Wenn Gott mich füllt mit seinem Geist DH-K, 199
(unbekannt)

CCLI CCLI-Liednummer: https://songselect.ccli.com/

DH-K Du bist Herr – Kids (Wiesbaden 1996), Nr. 199

EG Evangelisches Gesangbuch – Ausgabe für die Lutherischen Kirchen von Bayern und Thüringen

FJ 5 Feiert Jesus 5 (Holzgerlingen 2017)

FJ Feiert Jesus – Best of Liederbuch (Holzgerlingen 2020)

GL Gotteslob (Stuttgart 2013)

LK Songs, Lothar Kosse (Rösrath 2001)

XP X-Praise – Das Liederbuch (Stuttgart 2019)

Abkürzung der Bibelstellen

1 Chr	1. Chronik	Hld	Hoheslied
2 Chr	2. Chronik	Hos	Hosea
1 Joh	1. Johannes	Ijob	Ijob (Hiob)
2 Joh	2. Johannes	Jak	Jakobus
3 Joh	3. Johannes	Jer	Jeremia
1 Kön	1. Könige	Jes	Jesaja
2 Kön	2. Könige	Joël	Joel
1 Kor	1. Korinther	Joh	Johannes
2 Kor	2. Korinther	Jona	Jona
1 Mose/Gen	Genesis (1. Mose)	Jos	Josua
2 Mose/Ex	Exodus (2. Mose)	Jud	Judas
3 Mose/Lev	Levitikus (3. Mose)	Klgl	Klagelieder
4 Mose/Num	Numeri (4. Mose)	Koh	Kohelet (Prediger)
5 Mose/Dtn	Deuteronomium (5. Mose)	Kol	Kolosser
1 Petr	1. Petrus	Lk	Lukas
2 Petr	2. Petrus	Mal	Maleachi
1 Sam	1. Samuel	Mi	Micha
2 Sam	2. Samuel	Mk	Markus
1 Thess	1. Thessalonicher	Mt	Matthäus
2 Thess	2. Thessalonicher	Nah	Nahum
1 Tim	1. Timotheus	Neh	Nehemia
2 Tim	2. Timotheus	Obd	Obadja
Am	Amos	Offb	Offenbarung
Apg	Apostelgeschichte	Phil	Philipper
Dan	Daniel	Phlm	Philemon
Eph	Epheser	Ps	Psalm(en)
Esra	Esra	Ri	Richter
Est	Ester	Röm	Römer
Ez	Ezechiel (Hesekiel)	Rut	Ruth
Gal	Galater	Sach	Sacharja
Hab	Habakuk	Spr	Sprichwörter (Sprüche)
Hag	Haggai	Tit	Titus
Hebr	Hebräer	Zef	Zefanja

Nach den Loccumer Richtlinien
https://www.die-bibel.de/bibeln/wissen-zur-bibel/wissen-bibeluebersetzung/loccumer-richtlinien/
https://www.uibk.ac.at/bibhist/repschinski/hilfsmittel/loccum.pdf

Wie Bibelverse zu finden sind

Die Bibel ist eingeteilt in Kapitel und Verse. Die jeweilige Textstelle wird durch ein Komma getrennt angegeben.

Beispiel:
1 Kor 12,1–3 1. Korintherbrief, Kap. 12, Verse 1 *bis* 3

Manchmal werden für die jeweilige Textstelle auch nur einzelne Verse ausgewählt und durch einen Punkt getrennt.

Beispiel:
1 Kor 12,7.11 1. Korintherbrief, Kap. 12, Verse 7 *und* 11

Verwendete Bibelübersetzungen

In diesem Buch werden Bibelstellen in der Regel nach der Neuen Genfer Übersetzung (NGÜ) zitiert. Andere Übersetzungen sind jeweils mit folgendem Kürzel gekennzeichnet:

DBU Das Buch. Neues Testament – übersetzt von Roland Werner (Witten 2009)

ELB Elberfelder Bibel (Witten 2006)

EÜ Einheitsübersetzung (Stuttgart 2016)

GNB Gute Nachricht Bibel (Stuttgart 2000)

HFA Hoffnung für alle (2015)

LUT Übersetzung Martin Luthers (Stuttgart 2017)

NeÜ Neue Evangelistische Übersetzung (Dillenburg 2019/2020)

NGÜ Neue Genfer Übersetzung (Genf 2011)

NLB Neues Leben Bibel (Holzgerlingen 2017)

SLT Schlachter (Genf/Bielefeld 2000)

ZB Zürcher Bibel (Zürich 2007)

Anmerkungen

1 Wilfried Härle, Dogmatik, Berlin (2000), S. 361

2 Siegfried Großmann, Beschenkt mit den Gaben des Heiligen Geistes. Charismatisches Christsein entdecken, Holzgerlingen (2019), S. 16

3 Peter Zimmerling, Charismatische Bewegungen, Göttingen (2018), S. 121

4 Heinrich Christian Rust, Prophetisch leben – prophetisch dienen, Witten (2014), S. 33

5 Christian A. Schwarz, Das 1x1 der Gemeindeentwicklung, Glashütten (2007), S. 16-17

6 John und Addison Bevere, Der Heilige Geist. Eine Einführung. Lüdenscheid (2020), S. 93

7 Taufe im Heiligen Geist. International Catholic Charismatic Renewal Services – Theologischer Ausschuss. Deutsche Ausgabe: Maihingen (2012), S. 44-45

8 Siegfried Großmann, a. a. O., S. 194

9 Zitiert nach: Gudrun Gleba, Klosterleben im Mittelalter, Darmstadt (2004), S. 84

10 Irenaeus, Adversus haereses, II 32,4; V 6,1
Die übrigen Zitate stammen aus:
Taufe im Heiligen Geist, International Catholic Charismatic Renewal Services – Theologischer Ausschuss, deutsch: Maihingen (2012)
Kilian McDonell/George T. Montague (Hg.), Die Flamme neu entfachen, Münsterschwarzach (1993)
https://ccel.org/fathers
http://www.unifr.ch/bkv/

11 Martin Luther, An den christlichen Adel deutscher Nation von des christlichen Standes Besserung (WA 6, S. 407)

12 Rudolf Bohren, Dem Worte folgen, München/Hamburg (1969), S. 174, 158

13 Klaus Eickhoff, Gemeinde entwickeln für die Volkskirche der Zukunft, Göttingen (1992), S. 254

14 Jürgen Moltmann, Kirche in der Kraft des Geistes – Ein Beitrag zur messianischen Ekklesiologie, München (1975), S. 323–324

15 Joseph Ratzinger Benedikt XVI., Salz der Erde, Christentum und katholische Kirche im 21. Jahrhundert – Ein Gespräch mit Peter Seewald, München (1996), S. 236, 273

16 Christian A. Schwarz, Die natürliche Gemeindeentwicklung, Emmelsbüll (1996), S. 22, 28

17 Michael Herbst, Und sie dreht sich doch, Aßlar (2001), S. 76

18 Peter Böhlemann/Michael Herbst, Geistlich leiten – Ein Handbuch, Göttingen (2011), S. 53–54

19 The Journal of the Rev. John Wesley (1901), S. 160-161, Bd. 1. Zitiert nach:

Günter Krallmann, Im Licht von Gottes Herrlichkeit – Wie Erweckung kam und wieder kommen kann, Unna (2011), S. 52-53

20 Zitiert nach: Willem C. van Dam, Sie trugen die Fackel weiter, Metzingen (1987), S. 31

21 Charles G. Finney, Lebenserinnerungen, Gütersloh (1980), S. 21

22 Roger Steer, Im Herzen Chinas. J. Hudson Taylor – Ein Mann des Glaubens, Gießen (1994), S. 14–16

23 Roger Steer, Mit Hudson Taylor unterwegs, Basel/Gießen (1998), S. 87–88

24 ebd., S. 71–73

25 Nobert Baumert, Die Sorgen des Seelsorgers. Übersetzung und Auslegung des ersten Korintherbriefes, Würzburg (2007), S. 252

26 Augustinus, Über die Psalmen (100,4): https://carm.org/augutine-on-psalms-99-103

27 Emil Brunner, Die Lehre vom heiligen Geiste, In: Kirchliche Zeitfragen, Heft 15, Zürich (1945)

28 Wolfgang Trillhaas, Dogmatik. Berlin/New York (1962/31980), S. 407–408

29 Otto Dilschneider, Geist als Vollender des Glaubens, Gütersloh (1978), S. 20–21, S. 34

30 Schleiermacher-Auswahl – mit einem Nachwort von Karl Barth, Auswahl: Heinz Bolli, München/Hamburg (1968), S. 311–312

31 zum Beispiel: Michael Welker, Gottes Geist. Theologie des Heiligen Geistes, Neukirchen-Vluyn (1992)

32 Jürgen Moltmann, Kirche in der Kraft des Geistes, München (1975), S. 326

33 Horst Georg Pöhlmann, Abriss der Dogmatik, Gütersloh (1990), S. 290

34 Walter Kasper/Gerhard Sauter, Kirche – Ort des Geistes, Freiburg (1976), S. 25, S. 21

35 Die Zitate zur Entwicklung der katholisch-charismatischen Bewegung stammen aus: Der Geist macht lebendig, Theologische und pastorale Grundlagen der CE, Maihingen (2007) und: Taufe im Heiligen Geist, International Catholic Charismatic Renewal Services – Theologischer Ausschuss, deutsch: Maihingen (2012)

36 zitiert nach: Hans-Diether Reimer, Wenn der Geist in der Kirche wirken will – Ein Vierteljahrhundert charismatische Bewegung, Stuttgart (1987), S. 106–107

37 Larry Christenson (Hrsg.), Komm, Heiliger Geist! Informationen, Leitlinien, Perspektiven zur Geistlichen Gemeinde-Erneuerung, Neukirchen-Vluyn (1989), S. 7

38 Großmann, a. a. O., S. 21–23

39 Licht und Leben Nr. 13, Zitat nach: Jost Müller-Bohn, Entscheidende Jahrhundertwende, Reutlingen (1972), S. 170

40 zitiert bei: Ekkehart Vetter, Jahrhundertbilanz – erweckungsfasziniert und durststreckenerprobt, 100 Jahre Mülheimer Verband Freikirchlich-Evangelischer Gemeinden, Bremen (2009), S. 109 f.

„KIRCHE IM GEIST DES ERFINDERS“

Die Geistliche Gemeinde-Erneuerung in der Evangelischen Kirche in Deutschland („GGE“) ist ein Netzwerk von Christen, die sich dafür einsetzen, dass Menschen die lebensverändernde Kraft des Heiligen Geistes erfahren können.

Wir träumen von einer lebendigen Kirche, die in dieser Kraft lebt. Wir glauben, dass die notwendige Erneuerung der Kirche zunächst bei jedem Einzelnen persönlich beginnt, sich in Gemeinden ausbreiten kann und schließlich Auswirkung auf die ganze Kirche hat. Auf unterschiedliche Weise tragen wir deshalb dazu bei, dass in Kleingruppen, Gemeinden und Netzwerken eine offene Willkommenskultur für den Heiligen Geist eingeübt und gelebt wird.

Unser Herz schlägt für:

BEGEISTERUNG 

Wir rechnen mit der verändernden und erneuernden Kraft des Heiligen Geistes – heute. (Sach 4,6; Apg 1,8)

BEZIEHUNG 

Wir suchen Einheit mit allen, die an Jesus Christus glauben, und gehen Wege der Versöhnung. (Jes 58,12; Eph 4,3-6)

BEKEHRUNG 

Wir erfahren Vergebung, Heilung und neue Freude durch Umkehr zu Jesus Christus. (2. Chr 7,14; Mk 1,15)

BEVOLLMÄCHTIGUNG 

Wir dienen mit den vielfältigen Gaben, die der Heilige Geist der Gemeinde schenkt. (Joel 3,1-2; Lk 11,13)

BARMHERZIGKEIT 

Wir folgen dem Ruf Gottes, notleidenden Menschen mit seiner Liebe zu begegnen. (Jes 61,1-2; Mt 11,28)

Wir sind überzeugt, dass die gegenwärtigen Herausforderungen der Kirche nicht allein im finanziellen Bereich liegen, sondern letztlich geistliche Ursachen haben. Strukturreformen können nur äußerlich helfen. Sie erfassen aber nicht den Kern der weit verbreiteten Geistvergessenheit in Kirche, Theologie und Gesellschaft. Ohne den Heiligen Geist jedoch wird der Glaube anstrengend, bleibt Gott fern und verliert die Kirche ihre Vollmacht.

Unser Traum ist eine „Kirche im Geist des Erfinders". Eine inspiriende Kirche, die nicht hinter ihren Möglichkeiten zurück bleibt. Eine vitale Kirche, die sich dem Wirken des Heiligen Geistes öffnet. Eine attraktive Kirche, die Strahlkraft hat.

Die GGE publiziert 4x im Jahr die Zeitschrift GEISTESGEGENWÄRTIG

Die Zeitschrift und weiteres Infomaterial kann kostenlos bezogen werden (s. nächste Seite).

Die GGE nimmt regelmäßig Stellung zu aktuellen Themen

Klicken – Klarsehen – Kommentieren auf www.gge-blog.de

Die GGE führt Seminare durch und lädt zu Tagungen ein

Das aktuelle Programm ist unter www.gge-seminare.de zu finden.

Im GGE-Verlag schreiben unterschiedliche Autoren

zu Themenfeldern wie Glauben, Kirche und Gesellschaft (www.gge-shop.de).

Im GGE-Netzwerk „Theologie & Kirche" treffen sich hauptberuflich Verantwortliche in der Kirche

Informationen unter www.gge-deutschland.de/netzwerk-theologie-und-kirche

Hier kommen Sie mit uns in Kontakt:

GGE deutschland, Schlesierplatz 16, 34346 Hann. Münden

Tel.: 05541–954 68 61

Mail: info@gge-deutschland.de

Web: www.gge-deutschland.de **oder direkt mit dem QR-Code.**

GEISTESGEGENWÄRTIG

Zeitschrift für Erneuerung in der Kirche

Die konfessions- und denominationsübergreifende Zeitschrift richtet sich an alle, denen die Erneuerung der Kirche auf dem Herzen liegt. Herausgeber von GEISTESGEGENWÄRTIG ist die GGE Deutschland (www.gge-deutschland.de).
4 Ausgaben pro Jahr, 32+ Seiten, Format DIN-A4, gratis inkl. Versand.

Bestellbar unter info@gge-deutschland.de, www.gge-deutschland.de/publikationen oder direkt mit dem QR-Code.

ASAPH-Verlag
320 Seiten, Hardcover, € 17,95
ISBN 978-3-940188-69-4
Auch als E-Book erhältlich

MENSCHEN MIT FORMAT

Leiten lernen bei Jesus, von Swen Schönheit

Beim Thema Führen und Leiten lernen wir nie aus, speziell, wenn es um das Reich Gottes geht. Swen Schönheits Buch ist präzise, geistlich tief, voller Leidenschaft für das Reich Gottes und gedeckt durch mehr als zwei Jahrzehnte Lebenserfahrung in einer missionarisch ausgerichteten Großstadtgemeinde.

Bestellbar unter www.gge-verlag.de oder direkt mit dem QR-Code.

„KOMM, GEIST GOTTES!" – DIE VIDEO-VORTRÄGE

7 x ca. 25 Minuten mit Swen Schönheit

Ideal zur Durchführung von „Komm, Geist Gottes!"-Kursen in Kleingruppen und größeren Veranstaltungen oder zur eigenen Vertiefung, wo immer Sie wollen auf Ihrem Gerät. Lebendig und anschaulich geht der Autor von „Komm, Geist Gottes!" mit Ihnen oder Ihrer Gruppe durch die wesentlichen Themen des Buches: „Wer ist der Heilige Geist?", „Was bewirkt der Heilige Geist?", „Wie lebe ich mit dem Heiligen Geist?"

USB-Stick mit allen Videos
bestellbar im GGE Verlag, www.gge-verlag.de
oder direkt mit dem QR-Code.

Danksagung

Dieses Buch ist ein Gemeinschaftswerk und reifte in einem Prozess von mehreren Jahren. Schon länger hatten wir als „Geistliche Gemeinde-Erneuerung in der Evangelischen Kirche“ (GGE Deutschland) den Wunsch, etwas Frisches zu unserem „Ursprungsthema“ zu publizieren. In dieses Buch fließen unzählige Erkenntnisse und Einsichten der letzten Jahrzehnte ein. Im Unterschied zu den Erfahrungen in den Anfangsjahren sind Begegnungen mit dem Heiligen Geist für Menschen der heutigen Generation viel leichter zugänglich, ohne dass sie sich explizit als „Charismatiker“ bezeichnen würden. Das Wirken des Heiligen Geistes gilt inzwischen nicht mehr als Alleinstellungsmerkmal bestimmter Gruppierungen. Es verbindet mehr, als dass es trennt. Die Dimension des Heiligen Geistes trifft auf eine Sehnsucht, die sich quer durch unsere Gesellschaft zieht. *Komm, Geist Gottes!* ist eine Einladung an Menschen, die mehr Spiritualität suchen, die sich eine Erneuerung ihres geistlichen Lebens wünschen oder einen Aufbruch in den Kirchen. Möge dieses Buch, gerade auch als Kursangebot, zu einer neuen Willkommenskultur für den Heiligen Geist in unserem Land beitragen!

Zuerst danke ich meinen Schwestern und Brüdern in der GGE, die dieses Projekt aktiv begleitet und beraten haben. Ihr seid meine „geistliche Familie“, durch die ich so viel Inspiration und Unterstützung erleben durfte! Mein Dank geht an Henning Dobers, den Vorsitzenden der GGE Deutschland, Eva Heuser, Redaktionsleiterin der Zeitschrift GEISTESGEGENWÄRTIG, sowie Gundula Rudloff, die das Manuskript gründlich durchgesehen hat und Christiane Gering für das Korrekturlesen. Hilfreich war darüber hinaus die fachliche Beratung durch Dr. Guido Baltes und Dr. Martin Evang.

Dorothea Appel hat als Lektorin das gesamte Buchprojekt zum Abschluss gebracht. Michael Lyngbye (www.common-room.de) gab ihm schließlich seine attraktive Gestalt. Ihrem Engagement gilt meine besondere Wertschätzung.

Schließlich danke ich ganz herzlich allen, die persönliche Erfahrungsberichte zur Verfügung gestellt und dieses Buch damit wesentlich bereichert haben.

Der Geist Gottes und die Braut rufen:
„Komm!“ Und wer diesen Ruf hört,
soll ebenfalls sagen: „Komm!“
Wer Durst hat, der komme! Wer will,
der trinke vom Wasser des Lebens;
er bekommt es umsonst.

Offenbarung 22,17